SUBTRACTION
100 DAYS OF TIMED TESTS
MATH DRILLS

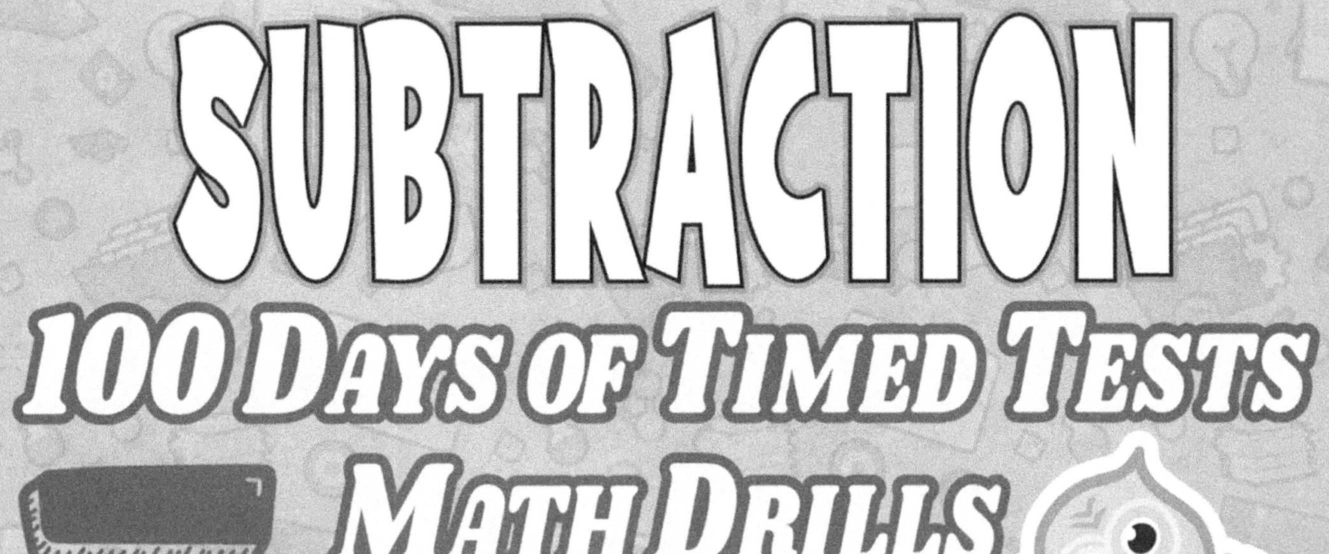

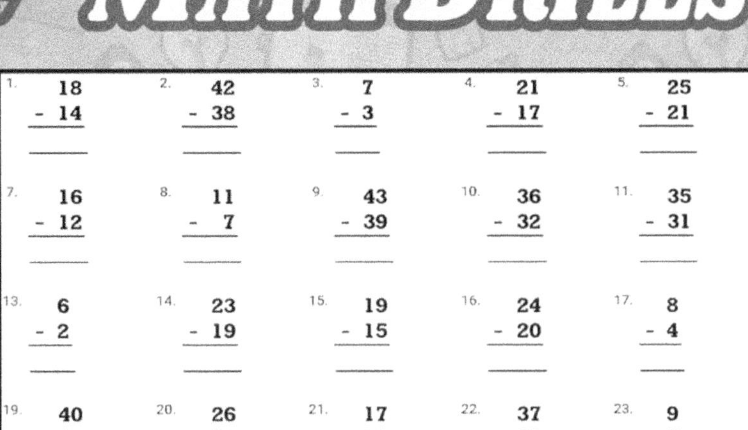

AGE 6 TO 8

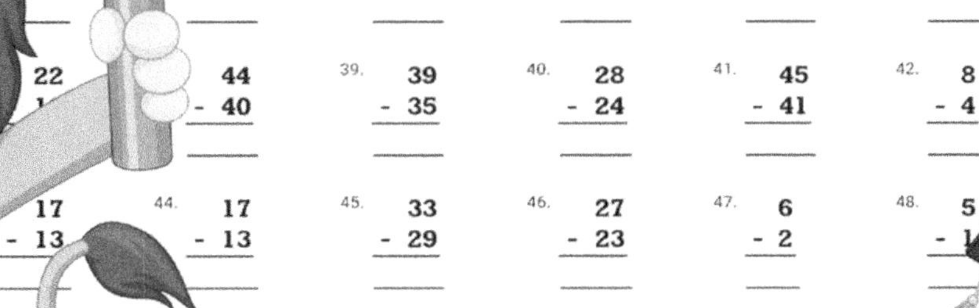

This Book Belongs To:

____

____

Table of Contents

Name: ___ Date: ___ Time: ___ Score: ___

Worksheet – Day - 1

1. 39 − 39	2. 5 − 5	3. 4 − 4	4. 25 − 25	5. 44 − 44	6. 23 − 23
7. 38 − 38	8. 32 − 32	9. 31 − 31	10. 37 − 37	11. 2 − 2	12. 16 − 16
13. 35 − 35	14. 6 − 6	15. 18 − 18	16. 7 − 7	17. 42 − 42	18. 19 − 19
19. 10 − 10	20. 20 − 20	21. 36 − 36	22. 28 − 28	23. 40 − 40	24. 26 − 26
25. 21 − 21	26. 17 − 17	27. 24 − 24	28. 30 − 30	29. 27 − 27	30. 12 − 12
31. 29 − 29	32. 9 − 9	33. 15 − 15	34. 43 − 43	35. 1 − 1	36. 41 − 41
37. 33 − 33	38. 34 − 34	39. 22 − 22	40. 13 − 13	41. 3 − 3	42. 11 − 11
43. 45 − 45	44. 8 − 8	45. 14 − 14	46. 31 − 31	47. 5 − 5	48. 34 − 34
49. 2 − 2	50. 41 − 41	51. 33 − 33	52. 24 − 24	53. 2 − 2	54. 2 − 2
55. 11 − 11	56. 22 − 22	57. 21 − 21	58. 30 − 30	59. 34 − 34	60. 32 − 32

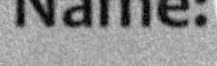

#		#		#		#		#		#	
1.	43 − 42	2.	16 − 15	3.	4 − 3	4.	45 − 44	5.	24 − 23	6.	42 − 41
7.	29 − 28	8.	25 − 24	9.	3 − 2	10.	28 − 27	11.	22 − 21	12.	26 − 25
13.	14 − 13	14.	9 − 8	15.	2 − 1	16.	17 − 16	17.	34 − 33	18.	39 − 38
19.	11 − 10	20.	32 − 31	21.	31 − 30	22.	8 − 7	23.	38 − 37	24.	27 − 26
25.	30 − 29	26.	10 − 9	27.	20 − 19	28.	44 − 43	29.	7 − 6	30.	19 − 18
31.	13 − 12	32.	6 − 5	33.	37 − 36	34.	33 − 32	35.	12 − 11	36.	5 − 4
37.	35 − 34	38.	23 − 22	39.	21 − 20	40.	36 − 35	41.	18 − 17	42.	15 − 14
43.	41 − 40	44.	40 − 39	45.	27 − 26	46.	24 − 23	47.	33 − 32	48.	41 − 40
49.	8 − 7	50.	15 − 14	51.	19 − 18	52.	45 − 44	53.	42 − 41	54.	34 − 33
55.	14 − 13	56.	18 − 17	57.	38 − 37	58.	29 − 28	59.	9 − 8	60.	32 − 31

1.   19
    − 17
    _____

2.   10
    − 8
    _____

3.   36
    − 34
    _____

4.   37
    − 35
    _____

5.   13
    − 11
    _____

6.   16
    − 14
    _____

7.   34
    − 32
    _____

8.   17
    − 15
    _____

9.   4
    − 2
    _____

10.   8
    − 6
    _____

11. 45
    − 43
    _____

12. 31
    − 29
    _____

13. 38
    − 36
    _____

14.   3
    − 1
    _____

15. 40
    − 38
    _____

16. 20
    − 18
    _____

17. 11
    − 9
    _____

18. 25
    − 23
    _____

19. 41
    − 39
    _____

20. 43
    − 41
    _____

21. 35
    − 33
    _____

22. 22
    − 20
    _____

23. 28
    − 26
    _____

24. 15
    − 13
    _____

25. 42
    − 40
    _____

26. 32
    − 30
    _____

27. 30
    − 28
    _____

28. 39
    − 37
    _____

29. 12
    − 10
    _____

30.   7
    − 5
    _____

31. 23
    − 21
    _____

32. 14
    − 12
    _____

33. 24
    − 22
    _____

34. 29
    − 27
    _____

35. 27
    − 25
    _____

36.   5
    − 3
    _____

37. 21
    − 19
    _____

38. 44
    − 42
    _____

39. 26
    − 24
    _____

40.   9
    − 7
    _____

41.   6
    − 4
    _____

42. 18
    − 16
    _____

43. 33
    − 31
    _____

44. 43
    − 41
    _____

45. 11
    − 9
    _____

46. 10
    − 8
    _____

47. 17
    − 15
    _____

48. 38
    − 36
    _____

49. 38
    − 36
    _____

50. 37
    − 35
    _____

51.   6
    − 4
    _____

52. 24
    − 22
    _____

53. 13
    − 11
    _____

54. 11
    − 9
    _____

55. 44
    − 42
    _____

56. 36
    − 34
    _____

57. 21
    − 19
    _____

58. 11
    − 9
    _____

59. 28
    − 26
    _____

60.   5
    − 3
    _____

1. 15 − 12	2. 30 − 27	3. 34 − 31	4. 32 − 29	5. 40 − 37	6. 44 − 41
7. 22 − 19	8. 10 − 7	9. 41 − 38	10. 31 − 28	11. 13 − 10	12. 39 − 36
13. 42 − 39	14. 33 − 30	15. 25 − 22	16. 43 − 40	17. 23 − 20	18. 9 − 6
19. 5 − 2	20. 12 − 9	21. 16 − 13	22. 8 − 5	23. 24 − 21	24. 21 − 18
25. 17 − 14	26. 6 − 3	27. 26 − 23	28. 29 − 26	29. 14 − 11	30. 20 − 17
31. 18 − 15	32. 36 − 33	33. 7 − 4	34. 37 − 34	35. 11 − 8	36. 19 − 16
37. 27 − 24	38. 35 − 32	39. 38 − 35	40. 28 − 25	41. 45 − 42	42. 4 − 1
43. 29 − 26	44. 11 − 8	45. 12 − 9	46. 20 − 17	47. 21 − 18	48. 43 − 40
49. 33 − 30	50. 31 − 28	51. 34 − 31	52. 22 − 19	53. 39 − 36	54. 27 − 24
55. 41 − 38	56. 9 − 6	57. 12 − 9	58. 7 − 4	59. 42 − 39	60. 40 − 37

Name:
Date: Time: Score:

Worksheet – Day - 5

1. 18 − 14	2. 42 − 38	3. 7 − 3	4. 21 − 17	5. 25 − 21	6. 30 − 26
7. 16 − 12	8. 11 − 7	9. 43 − 39	10. 36 − 32	11. 35 − 31	12. 34 − 30
13. 6 − 2	14. 23 − 19	15. 19 − 15	16. 24 − 20	17. 8 − 4	18. 5 − 1
19. 40 − 36	20. 26 − 22	21. 17 − 13	22. 37 − 33	23. 9 − 5	24. 38 − 34
25. 15 − 11	26. 29 − 25	27. 41 − 37	28. 13 − 9	29. 33 − 29	30. 10 − 6
31. 20 − 16	32. 31 − 27	33. 12 − 8	34. 14 − 10	35. 32 − 28	36. 27 − 23
37. 22 − 18	38. 44 − 40	39. 39 − 35	40. 28 − 24	41. 45 − 41	42. 8 − 4
43. 17 − 13	44. 17 − 13	45. 33 − 29	46. 27 − 23	47. 6 − 2	48. 5 − 1
49. 39 − 35	50. 26 − 22	51. 22 − 18	52. 31 − 27	53. 11 − 7	54. 18 − 14
55. 28 − 24	56. 5 − 1	57. 22 − 18	58. 9 − 5	59. 8 − 4	60. 44 − 40

1. 38 − 33	2. 19 − 14	3. 11 − 6	4. 28 − 23	5. 29 − 24	6. 41 − 36
7. 9 − 4	8. 20 − 15	9. 43 − 38	10. 44 − 39	11. 14 − 9	12. 34 − 29
13. 25 − 20	14. 42 − 37	15. 35 − 30	16. 17 − 12	17. 13 − 8	18. 30 − 25
19. 16 − 11	20. 37 − 32	21. 36 − 31	22. 10 − 5	23. 22 − 17	24. 8 − 3
25. 18 − 13	26. 40 − 35	27. 12 − 7	28. 27 − 22	29. 6 − 1	30. 32 − 27
31. 31 − 26	32. 23 − 18	33. 26 − 21	34. 7 − 2	35. 15 − 10	36. 45 − 40
37. 21 − 16	38. 39 − 34	39. 24 − 19	40. 33 − 28	41. 12 − 7	42. 43 − 38
43. 15 − 10	44. 13 − 8	45. 36 − 31	46. 16 − 11	47. 9 − 4	48. 36 − 31
49. 13 − 8	50. 23 − 18	51. 41 − 36	52. 16 − 11	53. 17 − 12	54. 16 − 11
55. 18 − 13	56. 33 − 28	57. 45 − 40	58. 41 − 36	59. 9 − 4	60. 9 − 4

#		#		#		#		#		#	
1.	16 − 10	2.	25 − 19	3.	39 − 33	4.	9 − 3	5.	20 − 14	6.	35 − 29
7.	18 − 12	8.	24 − 18	9.	22 − 16	10.	44 − 38	11.	14 − 8	12.	41 − 35
13.	19 − 13	14.	15 − 9	15.	40 − 34	16.	7 − 1	17.	43 − 37	18.	30 − 24
19.	17 − 11	20.	11 − 5	21.	27 − 21	22.	32 − 26	23.	45 − 39	24.	36 − 30
25.	31 − 25	26.	12 − 6	27.	8 − 2	28.	29 − 23	29.	37 − 31	30.	21 − 15
31.	34 − 28	32.	26 − 20	33.	13 − 7	34.	38 − 32	35.	23 − 17	36.	10 − 4
37.	42 − 36	38.	28 − 22	39.	33 − 27	40.	9 − 3	41.	16 − 14	42.	36 − 30
43.	39 − 33	44.	40 − 34	45.	39 − 35	46.	35 − 29	47.	9 − 3	48.	31 − 25
49.	31 − 29	50.	34 − 28	51.	40 − 34	52.	12 − 6	53.	38 − 32	54.	44 − 38
55.	13 − 7	56.	7 − 1	57.	15 − 9	58.	28 − 22	59.	32 − 26	60.	37 − 33

Subtraction

Name:
Date: **Time:** **Score:**

Worksheet – Day - 8

1. 11 − 4	2. 23 − 16	3. 9 − 2	4. 30 − 23	5. 18 − 11	6. 29 − 22
7. 37 − 30	8. 24 − 17	9. 44 − 37	10. 8 − 1	11. 12 − 5	12. 17 − 10
13. 32 − 25	14. 28 − 21	15. 35 − 28	16. 45 − 38	17. 41 − 34	18. 40 − 33
19. 39 − 32	20. 16 − 9	21. 15 − 8	22. 27 − 20	23. 42 − 35	24. 33 − 26
25. 49 − 42	26. 36 − 29	27. 14 − 7	28. 50 − 43	29. 20 − 13	30. 13 − 6
31. 43 − 36	32. 21 − 14	33. 46 − 39	34. 19 − 12	35. 22 − 15	36. 38 − 31
37. 26 − 19	38. 47 − 40	39. 10 − 8	40. 48 − 41	41. 31 − 24	42. 25 − 18
43. 34 − 27	44. 10 − 3	45. 8 − 6	46. 23 − 16	47. 44 − 37	48. 24 − 17
49. 39 − 37	50. 9 − 3	51. 44 − 37	52. 16 − 9	53. 49 − 42	54. 10 − 7
55. 17 − 15	56. 8 − 1	57. 27 − 20	58. 18 − 12	59. 11 − 8	60. 46 − 40

Name: **Date:**   **Time:**   **Score:**

Worksheet – Day - 9

1. 32 − 24	2. 17 − 9	3. 9 − 1	4. 25 − 17	5. 34 − 26	6. 29 − 21
7. 22 − 14	8. 38 − 30	9. 40 − 32	10. 10 − 2	11. 15 − 7	12. 44 − 36
13. 49 − 41	14. 39 − 31	15. 47 − 39	16. 11 − 3	17. 23 − 15	18. 19 − 11
19. 43 − 35	20. 33 − 25	21. 36 − 28	22. 30 − 22	23. 14 − 6	24. 21 − 13
25. 28 − 20	26. 41 − 33	27. 42 − 34	28. 37 − 29	29. 24 − 16	30. 18 − 10
31. 20 − 12	32. 35 − 27	33. 45 − 37	34. 26 − 18	35. 48 − 40	36. 16 − 8
37. 13 − 5	38. 31 − 23	39. 12 − 4	40. 27 − 19	41. 46 − 38	42. 50 − 42
43. 25 − 17	44. 15 − 13	45. 44 − 39	46. 30 − 22	47. 21 − 16	48. 37 − 33
49. 43 − 35	50. 28 − 25	51. 37 − 35	52. 22 − 19	53. 32 − 25	54. 18 − 15
55. 20 − 12	56. 45 − 37	57. 31 − 25	58. 39 − 38	59. 19 − 11	60. 11 − 11

Subtraction

Name:
Date: **Time:** **Score:**

Worksheet – Day - 10

1. $13 - 4$	2. $39 - 30$	3. $42 - 33$	4. $23 - 14$	5. $43 - 34$	6. $28 - 19$
7. $41 - 32$	8. $26 - 17$	9. $48 - 39$	10. $36 - 27$	11. $20 - 11$	12. $32 - 23$
13. $38 - 29$	14. $29 - 20$	15. $46 - 37$	16. $11 - 2$	17. $18 - 9$	18. $22 - 13$
19. $45 - 36$	20. $37 - 28$	21. $14 - 5$	22. $25 - 16$	23. $34 - 25$	24. $30 - 21$
25. $31 - 22$	26. $49 - 40$	27. $19 - 10$	28. $21 - 12$	29. $33 - 24$	30. $40 - 31$
31. $15 - 6$	32. $12 - 3$	33. $27 - 18$	34. $44 - 35$	35. $35 - 26$	36. $17 - 8$
37. $24 - 15$	38. $47 - 38$	39. $16 - 7$	40. $10 - 1$	41. $50 - 41$	42. $23 - 22$
43. $34 - 30$	44. $16 - 16$	45. $17 - 10$	46. $32 - 27$	47. $13 - 9$	48. $25 - 23$
49. $25 - 17$	50. $39 - 37$	51. $38 - 36$	52. $38 - 30$	53. $39 - 35$	54. $33 - 25$
55. $35 - 29$	56. $40 - 37$	57. $27 - 21$	58. $20 - 18$	59. $24 - 21$	60. $23 - 15$

1. 97 − 93	2. 84 − 81	3. 67 − 64	4. 106 − 103	5. 98 − 94	6. 84 − 80
7. 101 − 96	8. 105 − 101	9. 125 − 122	10. 117 − 114	11. 49 − 46	12. 93 − 89
13. 85 − 80	14. 57 − 54	15. 99 − 96	16. 115 − 111	17. 126 − 123	18. 59 − 54
19. 108 − 105	20. 58 − 54	21. 64 − 59	22. 95 − 91	23. 108 − 103	24. 86 − 83
25. 83 − 80	26. 80 − 76	27. 55 − 52	28. 116 − 112	29. 69 − 64	30. 123 − 120
31. 74 − 70	32. 111 − 107	33. 74 − 69	34. 69 − 65	35. 68 − 65	36. 94 − 90
37. 52 − 48	38. 97 − 92	39. 122 − 118	40. 51 − 47	41. 78 − 75	42. 109 − 104
43. 119 − 115	44. 63 − 60	45. 71 − 67	46. 59 − 55	47. 102 − 98	48. 101 − 98
49. 65 − 60	50. 85 − 81	51. 111 − 108	52. 71 − 66	53. 55 − 51	54. 125 − 121
55. 91 − 88	56. 93 − 90	57. 96 − 92	58. 103 − 98	59. 53 − 50	60. 92 − 88

1.	2.	3.	4.	5.	6.
124 − 121	56 − 52	67 − 64	68 − 63	70 − 66	100 − 97

7.	8.	9.	10.	11.	12.
65 − 62	61 − 58	75 − 72	82 − 77	100 − 96	115 − 111

13.	14.	15.	16.	17.	18.
59 − 55	117 − 113	121 − 118	58 − 54	97 − 94	111 − 107

19.	20.	21.	22.	23.	24.
106 − 103	109 − 106	113 − 110	112 − 107	80 − 76	93 − 90

25.	26.	27.	28.	29.	30.
119 − 116	115 − 112	81 − 78	81 − 77	99 − 95	122 − 117

31.	32.	33.	34.	35.	36.
106 − 101	126 − 123	129 − 126	96 − 91	120 − 117	55 − 51

37.	38.	39.	40.	41.	42.
93 − 89	62 − 59	129 − 125	103 − 99	101 − 98	128 − 125

43.	44.	45.	46.	47.	48.
118 − 114	85 − 82	73 − 69	118 − 115	60 − 57	76 − 72

49.	50.	51.	52.	53.	54.
53 − 49	72 − 69	104 − 100	119 − 114	116 − 112	122 − 119

55.	56.	57.	58.	59.	60.
112 − 109	99 − 96	89 − 85	108 − 105	117 − 114	90 − 85

#		#		#		#		#		#	
1.	4 − 3	2.	13 − 5	3.	13 − 9	4.	12 − 5	5.	11 − 9	6.	12 − 8
7.	3 − 2	8.	8 − 7	9.	5 − 4	10.	15 − 11	11.	8 − 3	12.	14 − 7
13.	4 − 1	14.	3 − 1	15.	6 − 4	16.	13 − 4	17.	9 − 1	18.	7 − 6
19.	7 − 4	20.	8 − 5	21.	7 − 2	22.	11 − 8	23.	11 − 10	24.	9 − 5
25.	14 − 5	26.	14 − 8	27.	12 − 9	28.	9 − 2	29.	11 − 3	30.	12 − 7
31.	14 − 11	32.	9 − 6	33.	6 − 2	34.	7 − 3	35.	14 − 6	36.	6 − 3
37.	2 − 1	38.	13 − 6	39.	7 − 1	40.	9 − 7	41.	15 − 9	42.	12 − 4
43.	9 − 3	44.	14 − 9	45.	10 − 4	46.	10 − 6	47.	13 − 7	48.	9 − 4
49.	10 − 8	50.	5 − 3	51.	14 − 12	52.	8 − 6	53.	11 − 5	54.	8 − 4
55.	8 − 2	56.	11 − 7	57.	13 − 8	58.	5 − 2	59.	15 − 14	60.	15 − 10

1. 4 − 3	2. 5 − 3	3. 7 − 6	4. 9 − 4	5. 8 − 7	6. 8 − 4
7. 5 − 2	8. 11 − 4	9. 12 − 8	10. 8 − 6	11. 12 − 9	12. 10 − 6
13. 13 − 8	14. 14 − 7	15. 3 − 1	16. 13 − 12	17. 6 − 3	18. 6 − 5
19. 5 − 4	20. 14 − 11	21. 14 − 10	22. 6 − 4	23. 14 − 9	24. 9 − 7
25. 4 − 2	26. 7 − 4	27. 10 − 2	28. 8 − 2	29. 10 − 8	30. 6 − 2
31. 7 − 5	32. 11 − 10	33. 13 − 9	34. 7 − 3	35. 12 − 6	36. 13 − 6
37. 8 − 1	38. 12 − 10	39. 9 − 5	40. 6 − 1	41. 7 − 1	42. 8 − 5
43. 11 − 8	44. 9 − 6	45. 9 − 1	46. 12 − 5	47. 14 − 13	48. 10 − 7
49. 12 − 7	50. 3 − 2	51. 15 − 12	52. 13 − 7	53. 12 − 3	54. 9 − 8
55. 2 − 1	56. 14 − 6	57. 11 − 6	58. 11 − 9	59. 15 − 13	60. 10 − 3

#		#		#		#		#		#	
1.	8 − 4	2.	11 − 10	3.	14 − 6	4.	10 − 2	5.	3 − 2	6.	12 − 4
7.	11 − 5	8.	13 − 9	9.	8 − 2	10.	4 − 3	11.	7 − 1	12.	4 − 2
13.	10 − 7	14.	7 − 5	15.	7 − 6	16.	15 − 13	17.	10 − 6	18.	5 − 2
19.	10 − 9	20.	12 − 8	21.	5 − 4	22.	12 − 11	23.	3 − 1	24.	6 − 4
25.	9 − 3	26.	11 − 8	27.	7 − 2	28.	12 − 3	29.	9 − 2	30.	12 − 5
31.	6 − 2	32.	9 − 6	33.	13 − 11	34.	8 − 7	35.	9 − 1	36.	14 − 7
37.	14 − 11	38.	2 − 1	39.	13 − 10	40.	14 − 8	41.	8 − 5	42.	12 − 7
43.	9 − 5	44.	15 − 7	45.	10 − 3	46.	9 − 4	47.	5 − 3	48.	15 − 8
49.	13 − 5	50.	14 − 9	51.	8 − 6	52.	8 − 3	53.	13 − 7	54.	14 − 12
55.	12 − 10	56.	15 − 10	57.	6 − 5	58.	9 − 8	59.	12 − 9	60.	15 − 12

1. $8 - 7$	2. $14 - 6$	3. $3 - 2$	4. $5 - 2$	5. $4 - 2$	6. $11 - 10$
7. $13 - 11$	8. $13 - 9$	9. $11 - 9$	10. $10 - 5$	11. $10 - 3$	12. $12 - 8$
13. $13 - 12$	14. $6 - 4$	15. $14 - 13$	16. $7 - 4$	17. $7 - 5$	18. $4 - 1$
19. $5 - 4$	20. $8 - 1$	21. $13 - 7$	22. $2 - 1$	23. $8 - 4$	24. $6 - 3$
25. $3 - 1$	26. $7 - 2$	27. $5 - 3$	28. $11 - 5$	29. $9 - 7$	30. $15 - 11$
31. $10 - 9$	32. $9 - 5$	33. $13 - 5$	34. $15 - 12$	35. $11 - 3$	36. $11 - 7$
37. $13 - 6$	38. $9 - 6$	39. $11 - 2$	40. $15 - 10$	41. $11 - 6$	42. $4 - 3$
43. $8 - 2$	44. $14 - 10$	45. $12 - 9$	46. $9 - 1$	47. $7 - 6$	48. $9 - 2$
49. $11 - 8$	50. $9 - 8$	51. $10 - 4$	52. $12 - 4$	53. $6 - 5$	54. $6 - 1$
55. $9 - 4$	56. $12 - 11$	57. $9 - 3$	58. $10 - 6$	59. $5 - 1$	60. $6 - 2$

#		#		#		#		#		#	
1.	10 − 4	2.	8 − 1	3.	9 − 2	4.	5 − 2	5.	2 − 1	6.	5 − 4
7.	13 − 10	8.	14 − 6	9.	10 − 3	10.	15 − 10	11.	7 − 3	12.	5 − 3
13.	7 − 2	14.	3 − 2	15.	8 − 7	16.	11 − 3	17.	8 − 3	18.	6 − 5
19.	6 − 4	20.	10 − 9	21.	3 − 1	22.	6 − 2	23.	11 − 2	24.	9 − 4
25.	11 − 10	26.	8 − 5	27.	9 − 8	28.	12 − 11	29.	10 − 2	30.	6 − 1
31.	5 − 1	32.	11 − 7	33.	8 − 2	34.	13 − 12	35.	15 − 9	36.	4 − 3
37.	4 − 1	38.	12 − 4	39.	4 − 2	40.	7 − 5	41.	13 − 8	42.	13 − 9
43.	6 − 3	44.	14 − 12	45.	12 − 3	46.	7 − 6	47.	13 − 6	48.	11 − 9
49.	10 − 5	50.	13 − 7	51.	12 − 8	52.	9 − 3	53.	14 − 8	54.	11 − 5
55.	10 − 8	56.	15 − 14	57.	11 − 8	58.	8 − 4	59.	11 − 6	60.	15 − 8

1. 12 − 10	2. 4 − 2	3. 10 − 3	4. 9 − 7	5. 6 − 2	6. 2 − 1
7. 4 − 3	8. 5 − 4	9. 3 − 2	10. 9 − 6	11. 13 − 7	12. 9 − 5
13. 6 − 3	14. 14 − 6	15. 8 − 4	16. 14 − 10	17. 7 − 3	18. 3 − 1
19. 11 − 8	20. 8 − 7	21. 12 − 11	22. 5 − 2	23. 11 − 10	24. 6 − 1
25. 7 − 6	26. 14 − 7	27. 7 − 2	28. 13 − 4	29. 14 − 5	30. 13 − 5
31. 13 − 11	32. 12 − 4	33. 14 − 9	34. 11 − 3	35. 9 − 3	36. 12 − 8
37. 6 − 4	38. 9 − 8	39. 8 − 2	40. 8 − 5	41. 9 − 4	42. 13 − 10
43. 14 − 11	44. 10 − 9	45. 7 − 5	46. 9 − 1	47. 15 − 12	48. 14 − 8
49. 7 − 1	50. 11 − 9	51. 5 − 3	52. 13 − 6	53. 10 − 4	54. 7 − 4
55. 13 − 12	56. 4 − 1	57. 10 − 2	58. 10 − 7	59. 15 − 10	60. 14 − 13

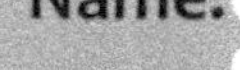

1. 10 − 7	2. 14 − 9	3. 4 − 2	4. 5 − 4	5. 8 − 3	6. 5 − 3
7. 10 − 2	8. 9 − 8	9. 6 − 5	10. 7 − 2	11. 4 − 3	12. 11 − 6
13. 6 − 4	14. 2 − 1	15. 11 − 7	16. 9 − 3	17. 6 − 3	18. 8 − 5
19. 10 − 8	20. 6 − 1	21. 3 − 2	22. 9 − 7	23. 11 − 8	24. 3 − 1
25. 5 − 2	26. 9 − 2	27. 14 − 8	28. 11 − 4	29. 7 − 6	30. 13 − 5
31. 5 − 1	32. 15 − 13	33. 7 − 3	34. 9 − 5	35. 14 − 6	36. 6 − 2
37. 13 − 10	38. 14 − 13	39. 11 − 3	40. 9 − 6	41. 14 − 10	42. 10 − 9
43. 10 − 5	44. 9 − 4	45. 14 − 5	46. 8 − 7	47. 14 − 12	48. 14 − 11
49. 10 − 1	50. 13 − 11	51. 13 − 6	52. 13 − 12	53. 10 − 4	54. 10 − 3
55. 15 − 6	56. 11 − 10	57. 11 − 5	58. 8 − 6	59. 12 − 11	60. 14 − 7

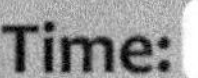

1. 8 − 4	2. 6 − 1	3. 7 − 3	4. 11 − 5	5. 10 − 7	6. 9 − 2
7. 3 − 1	8. 6 − 4	9. 5 − 2	10. 8 − 2	11. 13 − 5	12. 5 − 3
13. 10 − 4	14. 10 − 5	15. 15 − 13	16. 2 − 1	17. 9 − 6	18. 11 − 4
19. 14 − 13	20. 10 − 3	21. 10 − 1	22. 13 − 7	23. 3 − 2	24. 11 − 3
25. 11 − 6	26. 6 − 5	27. 10 − 2	28. 9 − 7	29. 14 − 5	30. 15 − 6
31. 7 − 1	32. 14 − 10	33. 8 − 3	34. 13 − 10	35. 8 − 7	36. 10 − 8
37. 7 − 6	38. 9 − 5	39. 12 − 7	40. 15 − 12	41. 15 − 7	42. 14 − 9
43. 7 − 2	44. 13 − 6	45. 8 − 6	46. 6 − 3	47. 14 − 7	48. 6 − 2
49. 4 − 3	50. 14 − 12	51. 13 − 11	52. 12 − 4	53. 14 − 8	54. 9 − 3
55. 8 − 5	56. 11 − 9	57. 12 − 8	58. 7 − 4	59. 13 − 8	60. 4 − 2

#		#		#		#		#		#	
1.	9 − 4	2.	3 − 2	3.	9 − 5	4.	6 − 4	5.	8 − 3	6.	4 − 2
7.	5 − 2	8.	5 − 4	9.	7 − 5	10.	13 − 7	11.	8 − 6	12.	10 − 9
13.	14 − 6	14.	9 − 7	15.	11 − 10	16.	12 − 4	17.	7 − 6	18.	6 − 5
19.	13 − 10	20.	15 − 11	21.	15 − 14	22.	8 − 7	23.	11 − 4	24.	12 − 7
25.	4 − 3	26.	15 − 8	27.	9 − 6	28.	2 − 1	29.	8 − 5	30.	5 − 3
31.	14 − 7	32.	10 − 1	33.	12 − 8	34.	4 − 1	35.	8 − 2	36.	8 − 1
37.	11 − 2	38.	12 − 9	39.	7 − 4	40.	13 − 6	41.	12 − 3	42.	12 − 10
43.	15 − 6	44.	13 − 8	45.	14 − 11	46.	7 − 1	47.	10 − 3	48.	3 − 1
49.	9 − 1	50.	7 − 2	51.	6 − 2	52.	12 − 11	53.	14 − 10	54.	14 − 9
55.	10 − 2	56.	15 − 12	57.	15 − 13	58.	11 − 9	59.	12 − 6	60.	10 − 5

Worksheet – Day - 22

1. 5 − 2	2. 8 − 3	3. 10 − 7	4. 8 − 7	5. 12 − 8	6. 6 − 2
7. 4 − 3	8. 2 − 1	9. 9 − 4	10. 9 − 5	11. 13 − 8	12. 9 − 1
13. 12 − 6	14. 8 − 4	15. 14 − 11	16. 13 − 10	17. 5 − 3	18. 7 − 2
19. 7 − 4	20. 11 − 10	21. 10 − 2	22. 15 − 13	23. 14 − 6	24. 8 − 2
25. 4 − 1	26. 12 − 9	27. 10 − 6	28. 14 − 5	29. 8 − 6	30. 14 − 8
31. 14 − 10	32. 3 − 2	33. 13 − 5	34. 5 − 4	35. 6 − 4	36. 6 − 3
37. 9 − 6	38. 13 − 12	39. 10 − 5	40. 5 − 1	41. 13 − 11	42. 4 − 2
43. 12 − 11	44. 13 − 9	45. 14 − 13	46. 9 − 7	47. 14 − 9	48. 12 − 10
49. 15 − 8	50. 10 − 9	51. 12 − 7	52. 3 − 1	53. 8 − 5	54. 10 − 8
55. 15 − 9	56. 11 − 9	57. 14 − 7	58. 11 − 7	59. 9 − 2	60. 7 − 3

#		#		#		#		#		#	
1.	5 − 3	2.	3 − 1	3.	7 − 5	4.	13 − 10	5.	5 − 4	6.	10 − 3
7.	6 − 5	8.	14 − 13	9.	8 − 5	10.	11 − 8	11.	7 − 6	12.	10 − 8
13.	12 − 7	14.	12 − 8	15.	7 − 3	16.	10 − 9	17.	8 − 6	18.	3 − 2
19.	9 − 8	20.	13 − 8	21.	11 − 7	22.	8 − 7	23.	14 − 10	24.	14 − 9
25.	14 − 8	26.	15 − 9	27.	14 − 11	28.	5 − 2	29.	9 − 4	30.	4 − 1
31.	6 − 4	32.	9 − 2	33.	10 − 1	34.	4 − 2	35.	7 − 2	36.	13 − 11
37.	2 − 1	38.	15 − 7	39.	4 − 3	40.	13 − 7	41.	13 − 12	42.	10 − 2
43.	14 − 12	44.	12 − 11	45.	15 − 11	46.	10 − 7	47.	13 − 5	48.	11 − 3
49.	12 − 10	50.	7 − 4	51.	6 − 3	52.	9 − 5	53.	8 − 2	54.	11 − 10
55.	13 − 9	56.	6 − 2	57.	12 − 5	58.	6 − 1	59.	7 − 1	60.	10 − 6

Worksheet – Day - 24

1. 10 − 4	2. 13 − 7	3. 4 − 2	4. 11 − 3	5. 3 − 2	6. 14 − 8
7. 13 − 10	8. 4 − 1	9. 5 − 2	10. 2 − 1	11. 10 − 9	12. 11 − 6
13. 13 − 5	14. 4 − 3	15. 6 − 3	16. 3 − 1	17. 12 − 9	18. 6 − 2
19. 8 − 6	20. 11 − 9	21. 12 − 4	22. 14 − 9	23. 5 − 4	24. 8 − 5
25. 6 − 1	26. 7 − 5	27. 14 − 11	28. 12 − 7	29. 11 − 8	30. 15 − 10
31. 8 − 7	32. 11 − 5	33. 5 − 3	34. 10 − 6	35. 10 − 7	36. 6 − 5
37. 12 − 10	38. 12 − 5	39. 9 − 4	40. 9 − 6	41. 14 − 13	42. 15 − 8
43. 8 − 3	44. 10 − 8	45. 7 − 4	46. 12 − 3	47. 5 − 1	48. 10 − 3
49. 7 − 2	50. 14 − 6	51. 15 − 12	52. 12 − 6	53. 9 − 8	54. 8 − 4
55. 9 − 3	56. 10 − 1	57. 11 − 7	58. 13 − 9	59. 10 − 2	60. 15 − 9

Name:
Date: Time:

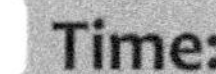  Score:

Worksheet – Day - 25

1. 13 − 5	2. 11 − 8	3. 9 − 3	4. 10 − 9	5. 7 − 6	6. 9 − 6
7. 12 − 11	8. 9 − 8	9. 6 − 4	10. 13 − 6	11. 8 − 5	12. 7 − 3
13. 14 − 12	14. 9 − 7	15. 13 − 8	16. 7 − 2	17. 14 − 7	18. 7 − 4
19. 2 − 1	20. 4 − 2	21. 15 − 10	22. 12 − 10	23. 5 − 4	24. 13 − 11
25. 6 − 1	26. 3 − 1	27. 11 − 9	28. 5 − 2	29. 10 − 3	30. 3 − 2
31. 13 − 10	32. 8 − 2	33. 14 − 6	34. 5 − 3	35. 11 − 4	36. 15 − 12
37. 8 − 4	38. 4 − 3	39. 10 − 8	40. 12 − 6	41. 6 − 3	42. 13 − 7
43. 14 − 9	44. 14 − 11	45. 14 − 10	46. 4 − 1	47. 12 − 8	48. 8 − 7
49. 13 − 12	50. 5 − 1	51. 10 − 6	52. 8 − 6	53. 10 − 2	54. 12 − 7
55. 6 − 2	56. 15 − 8	57. 10 − 7	58. 15 − 13	59. 13 − 4	60. 11 − 10

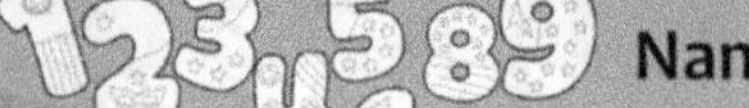

1.	14 − 7	2.	12 − 9	3.	11 − 10	4.	7 − 2	5.	12 − 10	6.	12 − 6
7.	8 − 3	8.	8 − 7	9.	13 − 5	10.	13 − 7	11.	3 − 2	12.	4 − 2
13.	5 − 2	14.	6 − 2	15.	9 − 5	16.	14 − 8	17.	6 − 5	18.	13 − 4
19.	7 − 6	20.	11 − 5	21.	9 − 2	22.	15 − 10	23.	9 − 4	24.	6 − 3
25.	13 − 12	26.	5 − 3	27.	2 − 1	28.	12 − 5	29.	4 − 3	30.	9 − 7
31.	7 − 5	32.	12 − 4	33.	11 − 9	34.	4 − 1	35.	12 − 3	36.	13 − 6
37.	5 − 1	38.	13 − 11	39.	8 − 5	40.	5 − 4	41.	11 − 6	42.	10 − 4
43.	9 − 8	44.	8 − 2	45.	13 − 9	46.	14 − 10	47.	8 − 4	48.	10 − 5
49.	12 − 11	50.	3 − 1	51.	6 − 4	52.	10 − 3	53.	15 − 8	54.	7 − 4
55.	11 − 8	56.	11 − 3	57.	14 − 11	58.	8 − 6	59.	15 − 11	60.	12 − 7

#		#		#		#		#		#	
1.	3 − 2	2.	5 − 4	3.	6 − 4	4.	8 − 3	5.	9 − 5	6.	7 − 5
7.	6 − 1	8.	8 − 2	9.	7 − 6	10.	7 − 2	11.	9 − 6	12.	13 − 8
13.	14 − 6	14.	11 − 8	15.	2 − 1	16.	12 − 11	17.	13 − 10	18.	14 − 10
19.	15 − 9	20.	11 − 2	21.	12 − 5	22.	10 − 2	23.	9 − 3	24.	15 − 12
25.	14 − 8	26.	8 − 4	27.	4 − 3	28.	4 − 1	29.	12 − 10	30.	13 − 7
31.	14 − 5	32.	14 − 12	33.	15 − 14	34.	9 − 7	35.	4 − 2	36.	5 − 3
37.	13 − 4	38.	12 − 3	39.	7 − 4	40.	10 − 4	41.	3 − 1	42.	11 − 10
43.	5 − 2	44.	8 − 6	45.	12 − 8	46.	12 − 7	47.	13 − 9	48.	11 − 3
49.	8 − 5	50.	6 − 5	51.	13 − 11	52.	9 − 4	53.	14 − 13	54.	11 − 5
55.	11 − 7	56.	10 − 5	57.	6 − 2	58.	14 − 11	59.	7 − 1	60.	11 − 4

#		#		#		#		#		#	
1.	12 − 9	2.	15 − 11	3.	12 − 8	4.	5 − 3	5.	7 − 1	6.	5 − 2
7.	3 − 1	8.	11 − 9	9.	14 − 7	10.	8 − 6	11.	4 − 2	12.	13 − 11
13.	12 − 5	14.	6 − 4	15.	9 − 5	16.	4 − 1	17.	3 − 2	18.	12 − 10
19.	13 − 6	20.	10 − 8	21.	15 − 12	22.	2 − 1	23.	11 − 10	24.	5 − 1
25.	7 − 3	26.	11 − 8	27.	14 − 9	28.	8 − 3	29.	8 − 7	30.	14 − 5
31.	10 − 4	32.	13 − 7	33.	12 − 7	34.	11 − 5	35.	7 − 4	36.	12 − 11
37.	5 − 4	38.	7 − 6	39.	14 − 13	40.	11 − 6	41.	14 − 8	42.	4 − 3
43.	13 − 8	44.	10 − 2	45.	10 − 6	46.	7 − 2	47.	13 − 10	48.	14 − 12
49.	9 − 4	50.	9 − 1	51.	8 − 2	52.	6 − 2	53.	11 − 3	54.	9 − 7
55.	10 − 7	56.	15 − 13	57.	8 − 4	58.	9 − 2	59.	10 − 9	60.	6 − 3

Worksheet – Day - 29

1. 5 − 2	2. 13 − 10	3. 2 − 1	4. 7 − 2	5. 5 − 4	6. 14 − 9
7. 7 − 1	8. 5 − 3	9. 4 − 3	10. 3 − 2	11. 8 − 2	12. 15 − 12
13. 10 − 5	14. 13 − 12	15. 10 − 7	16. 8 − 1	17. 14 − 8	18. 9 − 5
19. 5 − 1	20. 11 − 10	21. 7 − 4	22. 11 − 4	23. 13 − 6	24. 13 − 4
25. 13 − 8	26. 6 − 5	27. 14 − 10	28. 14 − 12	29. 11 − 3	30. 15 − 13
31. 14 − 13	32. 6 − 1	33. 10 − 6	34. 11 − 5	35. 10 − 8	36. 3 − 1
37. 4 − 2	38. 10 − 3	39. 8 − 6	40. 6 − 3	41. 7 − 3	42. 10 − 9
43. 6 − 2	44. 8 − 7	45. 9 − 4	46. 13 − 9	47. 14 − 6	48. 12 − 6
49. 12 − 4	50. 10 − 2	51. 6 − 4	52. 4 − 1	53. 15 − 11	54. 7 − 5
55. 9 − 6	56. 14 − 5	57. 12 − 7	58. 12 − 9	59. 11 − 7	60. 13 − 5

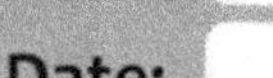

1. 13 − 5	2. 14 − 10	3. 6 − 2	4. 10 − 5	5. 4 − 1	6. 3 − 2
7. 7 − 6	8. 8 − 1	9. 4 − 2	10. 11 − 3	11. 8 − 6	12. 10 − 1
13. 11 − 10	14. 11 − 4	15. 8 − 2	16. 12 − 8	17. 12 − 11	18. 13 − 12
19. 8 − 7	20. 5 − 4	21. 14 − 12	22. 14 − 9	23. 5 − 3	24. 9 − 8
25. 11 − 9	26. 7 − 5	27. 6 − 3	28. 11 − 2	29. 14 − 8	30. 11 − 5
31. 10 − 7	32. 7 − 2	33. 8 − 5	34. 14 − 6	35. 5 − 2	36. 10 − 4
37. 15 − 7	38. 11 − 6	39. 10 − 9	40. 3 − 1	41. 10 − 8	42. 6 − 5
43. 14 − 13	44. 5 − 1	45. 12 − 6	46. 7 − 3	47. 12 − 10	48. 15 − 11
49. 11 − 8	50. 9 − 6	51. 6 − 1	52. 14 − 7	53. 2 − 1	54. 4 − 3
55. 13 − 7	56. 9 − 2	57. 9 − 7	58. 13 − 10	59. 15 − 9	60. 12 − 7

Subtraction

Name:

Date: **Time:**

Score:

Worksheet – Day - 31

1. 13 − 11	2. 27 − 20	3. 21 − 17	4. 22 − 13	5. 18 − 16	6. 13 − 9
7. 21 − 16	8. 18 − 10	9. 22 − 20	10. 29 − 24	11. 27 − 19	12. 29 − 27
13. 21 − 15	14. 13 − 6	15. 10 − 7	16. 15 − 7	17. 17 − 14	18. 25 − 22
19. 22 − 18	20. 14 − 9	21. 15 − 10	22. 29 − 20	23. 28 − 23	24. 27 − 21
25. 28 − 25	26. 15 − 13	27. 10 − 6	28. 26 − 25	29. 15 − 9	30. 12 − 8
31. 11 − 10	32. 11 − 8	33. 16 − 11	34. 28 − 24	35. 18 − 15	36. 16 − 13
37. 29 − 21	38. 25 − 17	39. 17 − 12	40. 13 − 8	41. 24 − 23	42. 23 − 18
43. 19 − 11	44. 30 − 25	45. 26 − 23	46. 27 − 23	47. 28 − 20	48. 16 − 14
49. 26 − 20	50. 25 − 20	51. 18 − 12	52. 21 − 12	53. 15 − 8	54. 18 − 11
55. 21 − 18	56. 20 − 16	57. 18 − 14	58. 24 − 21	59. 24 − 17	60. 24 − 18

Subtraction — Worksheet – Day - 32

Name: ___ Date: ___ Time: ___ Score: ___

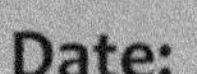

No.	Problem	No.	Problem	No.	Problem	No.	Problem	No.	Problem	No.	Problem
1.	15 − 10	2.	29 − 27	3.	28 − 27	4.	10 − 7	5.	29 − 25	6.	24 − 22
7.	11 − 9	8.	15 − 8	9.	19 − 13	10.	30 − 25	11.	18 − 16	12.	20 − 16
13.	16 − 15	14.	11 − 7	15.	18 − 10	16.	24 − 21	17.	21 − 13	18.	22 − 18
19.	22 − 14	20.	23 − 14	21.	29 − 24	22.	21 − 16	23.	19 − 12	24.	17 − 11
25.	23 − 15	26.	17 − 13	27.	24 − 18	28.	23 − 18	29.	17 − 10	30.	10 − 8
31.	28 − 21	32.	30 − 27	33.	27 − 19	34.	23 − 19	35.	21 − 18	36.	15 − 9
37.	25 − 19	38.	14 − 5	39.	23 − 20	40.	24 − 16	41.	25 − 24	42.	18 − 14
43.	22 − 15	44.	13 − 12	45.	18 − 12	46.	11 − 10	47.	16 − 10	48.	23 − 17
49.	27 − 20	50.	14 − 10	51.	29 − 26	52.	12 − 6	53.	14 − 13	54.	28 − 24
55.	30 − 29	56.	14 − 12	57.	12 − 8	58.	20 − 14	59.	18 − 17	60.	13 − 6

Worksheet – Day – 33

1. 30 − 22	2. 13 − 9	3. 19 − 12	4. 23 − 18	5. 13 − 7	6. 12 − 10
7. 23 − 17	8. 29 − 26	9. 11 − 8	10. 20 − 16	11. 17 − 10	12. 25 − 23
13. 29 − 21	14. 28 − 26	15. 17 − 11	16. 15 − 10	17. 14 − 12	18. 22 − 21
19. 15 − 13	20. 28 − 23	21. 15 − 14	22. 18 − 13	23. 29 − 22	24. 26 − 21
25. 24 − 18	26. 15 − 6	27. 27 − 25	28. 22 − 15	29. 12 − 9	30. 25 − 19
31. 26 − 23	32. 16 − 11	33. 12 − 11	34. 29 − 27	35. 28 − 27	36. 23 − 20
37. 18 − 9	38. 22 − 18	39. 26 − 24	40. 11 − 6	41. 28 − 20	42. 27 − 18
43. 27 − 26	44. 28 − 22	45. 19 − 18	46. 30 − 28	47. 28 − 21	48. 15 − 11
49. 10 − 5	50. 29 − 25	51. 23 − 15	52. 23 − 22	53. 24 − 16	54. 17 − 9
55. 11 − 10	56. 13 − 11	57. 16 − 9	58. 21 − 15	59. 17 − 15	60. 26 − 20

Worksheet – Day - 34

Name: ___ Date: ___ Time: ___ Score: ___

1. 28 − 24	2. 29 − 24	3. 13 − 5	4. 16 − 9	5. 15 − 13	6. 28 − 25
7. 30 − 27	8. 23 − 15	9. 17 − 10	10. 30 − 26	11. 29 − 22	12. 26 − 19
13. 22 − 14	14. 25 − 20	15. 16 − 10	16. 24 − 18	17. 20 − 19	18. 28 − 26
19. 14 − 12	20. 23 − 14	21. 23 − 21	22. 22 − 16	23. 28 − 22	24. 22 − 18
25. 23 − 19	26. 10 − 6	27. 18 − 15	28. 25 − 23	29. 26 − 18	30. 16 − 15
31. 29 − 28	32. 12 − 9	33. 13 − 6	34. 26 − 24	35. 27 − 23	36. 22 − 17
37. 15 − 9	38. 19 − 11	39. 17 − 13	40. 21 − 15	41. 20 − 13	42. 12 − 8
43. 10 − 8	44. 27 − 24	45. 13 − 9	46. 23 − 18	47. 22 − 21	48. 15 − 8
49. 11 − 7	50. 20 − 16	51. 21 − 17	52. 14 − 7	53. 17 − 16	54. 13 − 12
55. 13 − 11	56. 29 − 25	57. 29 − 26	58. 21 − 18	59. 18 − 12	60. 28 − 21

Subtraction

Name:
Date: **Time:** **Score:**

Worksheet – Day - 35

1. $12 - 7$	2. $10 - 8$	3. $27 - 19$	4. $13 - 10$	5. $17 - 14$	6. $26 - 19$
7. $21 - 14$	8. $26 - 20$	9. $18 - 17$	10. $11 - 8$	11. $24 - 21$	12. $26 - 21$
13. $20 - 19$	14. $11 - 5$	15. $26 - 25$	16. $27 - 22$	17. $18 - 9$	18. $23 - 17$
19. $13 - 7$	20. $27 - 21$	21. $23 - 18$	22. $14 - 6$	23. $19 - 15$	24. $26 - 17$
25. $21 - 13$	26. $16 - 9$	27. $12 - 9$	28. $22 - 19$	29. $19 - 11$	30. $26 - 18$
31. $14 - 12$	32. $28 - 22$	33. $16 - 8$	34. $27 - 25$	35. $24 - 18$	36. $30 - 24$
37. $15 - 9$	38. $18 - 14$	39. $14 - 11$	40. $11 - 10$	41. $15 - 12$	42. $23 - 15$
43. $27 - 23$	44. $23 - 14$	45. $28 - 25$	46. $22 - 18$	47. $28 - 26$	48. $13 - 11$
49. $17 - 16$	50. $14 - 5$	51. $19 - 17$	52. $12 - 6$	53. $20 - 18$	54. $29 - 26$
55. $27 - 20$	56. $21 - 16$	57. $24 - 17$	58. $19 - 16$	59. $25 - 19$	60. $24 - 16$

Subtraction

Name:
Date:　　**Time:**　　**Score:**

Worksheet – Day - 36

1. 23 − 22	2. 10 − 8	3. 20 − 15	4. 20 − 16	5. 23 − 15	6. 19 − 16
7. 25 − 22	8. 25 − 24	9. 27 − 23	10. 27 − 26	11. 23 − 21	12. 18 − 16
13. 16 − 9	14. 16 − 11	15. 13 − 11	16. 11 − 9	17. 15 − 8	18. 22 − 14
19. 27 − 22	20. 24 − 20	21. 29 − 24	22. 10 − 5	23. 19 − 17	24. 29 − 20
25. 27 − 20	26. 19 − 18	27. 20 − 13	28. 17 − 10	29. 13 − 6	30. 18 − 17
31. 10 − 9	32. 18 − 14	33. 14 − 13	34. 24 − 19	35. 14 − 6	36. 25 − 19
37. 20 − 12	38. 30 − 28	39. 16 − 12	40. 25 − 23	41. 22 − 17	42. 22 − 19
43. 15 − 12	44. 19 − 13	45. 22 − 21	46. 24 − 18	47. 21 − 15	48. 21 − 13
49. 22 − 15	50. 27 − 21	51. 15 − 7	52. 14 − 10	53. 29 − 27	54. 19 − 14
55. 17 − 8	56. 17 − 11	57. 29 − 23	58. 25 − 16	59. 28 − 24	60. 28 − 26

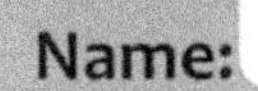

Name:
Date: Time: Score:

Worksheet – Day - 37

1. 10 − 7	2. 16 − 8	3. 24 − 18	4. 18 − 11	5. 12 − 6	6. 17 − 11
7. 25 − 20	8. 28 − 27	9. 27 − 19	10. 28 − 23	11. 27 − 24	12. 27 − 23
13. 21 − 12	14. 21 − 14	15. 30 − 25	16. 28 − 22	17. 17 − 16	18. 20 − 11
19. 30 − 26	20. 28 − 26	21. 14 − 13	22. 28 − 25	23. 11 − 7	24. 18 − 16
25. 26 − 22	26. 26 − 20	27. 19 − 13	28. 24 − 23	29. 21 − 15	30. 20 − 16
31. 20 − 19	32. 22 − 21	33. 19 − 11	34. 12 − 5	35. 23 − 22	36. 10 − 6
37. 27 − 25	38. 13 − 9	39. 24 − 21	40. 18 − 12	41. 21 − 18	42. 15 − 13
43. 19 − 16	44. 13 − 8	45. 13 − 12	46. 12 − 10	47. 14 − 6	48. 19 − 15
49. 21 − 17	50. 17 − 13	51. 21 − 20	52. 21 − 13	53. 20 − 14	54. 26 − 23
55. 24 − 20	56. 15 − 9	57. 18 − 17	58. 25 − 16	59. 15 − 8	60. 22 − 18

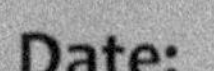

1. 12 − 7	2. 28 − 25	3. 29 − 27	4. 20 − 13	5. 19 − 11	6. 17 − 15
7. 30 − 26	8. 27 − 25	9. 16 − 13	10. 12 − 11	11. 22 − 18	12. 19 − 16
13. 15 − 12	14. 22 − 16	15. 22 − 13	16. 13 − 8	17. 12 − 5	18. 28 − 23
19. 24 − 20	20. 19 − 18	21. 25 − 17	22. 21 − 15	23. 22 − 14	24. 28 − 20
25. 14 − 9	26. 29 − 22	27. 18 − 15	28. 29 − 24	29. 27 − 20	30. 19 − 13
31. 15 − 8	32. 22 − 17	33. 24 − 19	34. 12 − 10	35. 16 − 9	36. 13 − 9
37. 11 − 6	38. 13 − 6	39. 11 − 8	40. 12 − 6	41. 23 − 19	42. 21 − 13
43. 16 − 12	44. 20 − 19	45. 19 − 17	46. 17 − 10	47. 28 − 21	48. 20 − 15
49. 15 − 9	50. 22 − 20	51. 26 − 23	52. 22 − 15	53. 21 − 17	54. 28 − 27
55. 27 − 22	56. 23 − 21	57. 30 − 24	58. 26 − 25	59. 11 − 9	60. 29 − 25

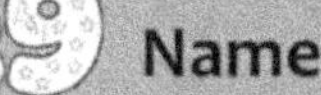

1. 14 − 12	2. 20 − 19	3. 21 − 13	4. 26 − 20	5. 20 − 14	6. 30 − 23
7. 30 − 27	8. 23 − 21	9. 23 − 22	10. 21 − 16	11. 26 − 24	12. 26 − 23
13. 23 − 18	14. 29 − 23	15. 14 − 8	16. 15 − 14	17. 20 − 18	18. 24 − 21
19. 10 − 9	20. 13 − 9	21. 27 − 25	22. 18 − 10	23. 12 − 5	24. 10 − 8
25. 13 − 8	26. 13 − 11	27. 11 − 10	28. 19 − 13	29. 17 − 10	30. 12 − 9
31. 28 − 20	32. 13 − 12	33. 28 − 26	34. 16 − 9	35. 15 − 10	36. 16 − 13
37. 14 − 7	38. 17 − 15	39. 24 − 16	40. 23 − 15	41. 18 − 17	42. 28 − 21
43. 10 − 7	44. 15 − 8	45. 12 − 7	46. 14 − 13	47. 22 − 20	48. 25 − 16
49. 19 − 10	50. 14 − 6	51. 15 − 13	52. 16 − 11	53. 11 − 5	54. 19 − 18
55. 21 − 19	56. 15 − 12	57. 19 − 14	58. 27 − 22	59. 25 − 19	60. 28 − 25

Name: Date: Time: Score:

Worksheet – Day - 40

1. 14 − 7	2. 30 − 24	3. 29 − 27	4. 28 − 24	5. 29 − 26	6. 20 − 12
7. 16 − 7	8. 26 − 19	9. 24 − 21	10. 20 − 14	11. 27 − 23	12. 17 − 16
13. 23 − 19	14. 17 − 15	15. 27 − 22	16. 13 − 9	17. 24 − 17	18. 30 − 28
19. 12 − 10	20. 27 − 18	21. 13 − 7	22. 24 − 22	23. 30 − 27	24. 13 − 11
25. 20 − 17	26. 30 − 22	27. 20 − 19	28. 17 − 11	29. 29 − 21	30. 12 − 7
31. 13 − 12	32. 21 − 12	33. 18 − 10	34. 11 − 5	35. 14 − 11	36. 27 − 26
37. 18 − 15	38. 16 − 9	39. 10 − 9	40. 27 − 24	41. 27 − 21	42. 12 − 6
43. 16 − 8	44. 24 − 19	45. 23 − 21	46. 19 − 13	47. 15 − 7	48. 29 − 25
49. 21 − 20	50. 11 − 8	51. 30 − 26	52. 15 − 10	53. 16 − 10	54. 23 − 22
55. 21 − 18	56. 23 − 17	57. 24 − 18	58. 23 − 14	59. 21 − 15	60. 25 − 17

1. 12 − 10	2. 30 − 28	3. 26 − 20	4. 17 − 10	5. 26 − 17	6. 17 − 15
7. 14 − 12	8. 11 − 7	9. 21 − 18	10. 23 − 20	11. 14 − 11	12. 16 − 8
13. 15 − 12	14. 20 − 18	15. 25 − 19	16. 13 − 8	17. 22 − 19	18. 28 − 27
19. 20 − 17	20. 20 − 15	21. 23 − 19	22. 29 − 23	23. 19 − 13	24. 29 − 28
25. 23 − 14	26. 29 − 24	27. 19 − 16	28. 10 − 8	29. 15 − 6	30. 21 − 19
31. 12 − 7	32. 14 − 13	33. 14 − 7	34. 27 − 26	35. 23 − 15	36. 19 − 11
37. 18 − 16	38. 22 − 20	39. 24 − 20	40. 18 − 14	41. 29 − 21	42. 14 − 6
43. 27 − 21	44. 25 − 22	45. 27 − 19	46. 16 − 12	47. 21 − 13	48. 20 − 16
49. 18 − 13	50. 18 − 9	51. 15 − 9	52. 17 − 12	53. 12 − 9	54. 26 − 24
55. 17 − 13	56. 16 − 14	57. 15 − 10	58. 14 − 9	59. 25 − 18	60. 21 − 15

1. 11 − 8	2. 17 − 12	3. 11 − 10	4. 25 − 23	5. 26 − 21	6. 20 − 14
7. 14 − 11	8. 16 − 11	9. 14 − 6	10. 13 − 7	11. 14 − 10	12. 12 − 10
13. 22 − 17	14. 21 − 12	15. 20 − 17	16. 23 − 22	17. 21 − 16	18. 28 − 26
19. 30 − 29	20. 15 − 12	21. 11 − 7	22. 12 − 9	23. 16 − 8	24. 15 − 10
25. 13 − 5	26. 27 − 20	27. 26 − 20	28. 28 − 20	29. 24 − 22	30. 22 − 15
31. 30 − 28	32. 13 − 11	33. 18 − 11	34. 28 − 19	35. 16 − 9	36. 21 − 13
37. 18 − 14	38. 24 − 23	39. 23 − 15	40. 29 − 28	41. 23 − 17	42. 10 − 7
43. 23 − 20	44. 16 − 13	45. 26 − 24	46. 20 − 12	47. 29 − 24	48. 21 − 17
49. 12 − 7	50. 23 − 18	51. 12 − 6	52. 21 − 19	53. 14 − 7	54. 17 − 13
55. 27 − 21	56. 20 − 16	57. 24 − 17	58. 19 − 12	59. 30 − 22	60. 24 − 20

1. 22 − 19	2. 28 − 22	3. 24 − 20	4. 10 − 5	5. 10 − 8	6. 14 − 5
7. 11 − 5	8. 23 − 17	9. 24 − 16	10. 16 − 11	11. 18 − 12	12. 15 − 8
13. 26 − 17	14. 18 − 14	15. 22 − 20	16. 18 − 15	17. 16 − 14	18. 29 − 22
19. 28 − 20	20. 27 − 23	21. 23 − 20	22. 13 − 5	23. 27 − 22	24. 13 − 10
25. 18 − 17	26. 13 − 7	27. 14 − 7	28. 21 − 18	29. 13 − 9	30. 20 − 13
31. 25 − 18	32. 12 − 8	33. 14 − 12	34. 27 − 25	35. 26 − 20	36. 17 − 12
37. 20 − 11	38. 27 − 20	39. 23 − 16	40. 18 − 11	41. 12 − 11	42. 28 − 21
43. 24 − 23	44. 29 − 27	45. 15 − 13	46. 18 − 13	47. 11 − 6	48. 16 − 8
49. 11 − 9	50. 29 − 26	51. 24 − 19	52. 21 − 14	53. 29 − 20	54. 23 − 22
55. 19 − 16	56. 23 − 19	57. 27 − 19	58. 23 − 15	59. 29 − 24	60. 16 − 12

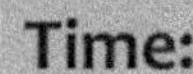

1. 13 − 9	2. 29 − 23	3. 15 − 6	4. 15 − 11	5. 14 − 6	6. 28 − 25
7. 30 − 28	8. 26 − 24	9. 28 − 21	10. 20 − 11	11. 17 − 12	12. 29 − 24
13. 26 − 25	14. 10 − 8	15. 25 − 24	16. 15 − 10	17. 24 − 22	18. 20 − 12
19. 17 − 8	20. 27 − 24	21. 23 − 22	22. 19 − 15	23. 23 − 16	24. 13 − 12
25. 17 − 16	26. 25 − 23	27. 15 − 13	28. 21 − 17	29. 20 − 14	30. 26 − 19
31. 27 − 22	32. 29 − 22	33. 16 − 13	34. 18 − 17	35. 18 − 13	36. 30 − 25
37. 25 − 21	38. 25 − 17	39. 14 − 12	40. 14 − 10	41. 20 − 15	42. 20 − 18
43. 22 − 20	44. 20 − 16	45. 13 − 6	46. 24 − 17	47. 21 − 20	48. 18 − 10
49. 29 − 28	50. 26 − 18	51. 22 − 21	52. 12 − 7	53. 28 − 24	54. 24 − 20
55. 11 − 9	56. 18 − 16	57. 16 − 14	58. 17 − 15	59. 16 − 10	60. 12 − 8

1. 19 − 16	2. 29 − 24	3. 30 − 27	4. 28 − 26	5. 20 − 13	6. 11 − 7
7. 17 − 15	8. 15 − 7	9. 24 − 23	10. 19 − 15	11. 26 − 22	12. 21 − 20
13. 24 − 22	14. 14 − 9	15. 11 − 5	16. 22 − 18	17. 22 − 20	18. 28 − 24
19. 28 − 20	20. 25 − 19	21. 14 − 10	22. 20 − 15	23. 26 − 20	24. 23 − 22
25. 29 − 27	26. 18 − 14	27. 19 − 13	28. 13 − 12	29. 23 − 16	30. 19 − 11
31. 16 − 13	32. 23 − 18	33. 14 − 6	34. 17 − 16	35. 14 − 8	36. 27 − 24
37. 26 − 18	38. 29 − 25	39. 13 − 8	40. 29 − 22	41. 10 − 8	42. 11 − 6
43. 28 − 22	44. 26 − 24	45. 25 − 17	46. 24 − 19	47. 17 − 9	48. 19 − 14
49. 12 − 9	50. 16 − 15	51. 10 − 9	52. 13 − 7	53. 26 − 23	54. 10 − 5
55. 28 − 23	56. 25 − 20	57. 26 − 25	58. 13 − 10	59. 30 − 26	60. 15 − 10

1. 30 − 22	2. 15 − 12	3. 13 − 6	4. 15 − 6	5. 26 − 18	6. 25 − 17
7. 12 − 9	8. 22 − 21	9. 27 − 25	10. 24 − 21	11. 11 − 8	12. 17 − 12
13. 22 − 18	14. 16 − 10	15. 24 − 18	16. 19 − 16	17. 12 − 10	18. 20 − 17
19. 13 − 11	20. 12 − 5	21. 19 − 15	22. 10 − 6	23. 23 − 16	24. 29 − 25
25. 24 − 15	26. 21 − 19	27. 25 − 20	28. 18 − 13	29. 23 − 18	30. 20 − 19
31. 15 − 7	32. 21 − 20	33. 19 − 13	34. 30 − 21	35. 20 − 12	36. 18 − 17
37. 29 − 21	38. 23 − 19	39. 18 − 16	40. 12 − 8	41. 11 − 5	42. 16 − 13
43. 11 − 6	44. 20 − 15	45. 11 − 10	46. 30 − 28	47. 21 − 18	48. 15 − 14
49. 24 − 19	50. 15 − 11	51. 10 − 9	52. 21 − 16	53. 14 − 6	54. 27 − 22
55. 29 − 20	56. 30 − 24	57. 18 − 14	58. 16 − 11	59. 14 − 10	60. 14 − 8

1. 23 − 20	2. 19 − 16	3. 29 − 24	4. 24 − 21	5. 28 − 27	6. 29 − 21
7. 23 − 18	8. 30 − 27	9. 20 − 19	10. 28 − 25	11. 21 − 16	12. 25 − 20
13. 27 − 20	14. 26 − 20	15. 16 − 10	16. 28 − 22	17. 14 − 11	18. 13 − 7
19. 22 − 16	20. 17 − 10	21. 20 − 18	22. 22 − 13	23. 14 − 9	24. 16 − 14
25. 20 − 15	26. 22 − 18	27. 26 − 18	28. 28 − 19	29. 26 − 24	30. 22 − 17
31. 16 − 12	32. 10 − 8	33. 17 − 14	34. 13 − 6	35. 21 − 18	36. 14 − 12
37. 13 − 9	38. 26 − 25	39. 14 − 10	40. 17 − 13	41. 23 − 15	42. 19 − 10
43. 11 − 9	44. 20 − 14	45. 17 − 8	46. 16 − 9	47. 27 − 21	48. 26 − 22
49. 18 − 13	50. 28 − 21	51. 11 − 7	52. 30 − 22	53. 16 − 15	54. 23 − 19
55. 29 − 25	56. 23 − 16	57. 27 − 25	58. 24 − 16	59. 19 − 11	60. 24 − 17

1. $\begin{array}{r} 17 \\ -\ 9 \\ \hline \end{array}$	2. $\begin{array}{r} 19 \\ -16 \\ \hline \end{array}$	3. $\begin{array}{r} 17 \\ -15 \\ \hline \end{array}$	4. $\begin{array}{r} 29 \\ -22 \\ \hline \end{array}$	5. $\begin{array}{r} 25 \\ -20 \\ \hline \end{array}$	6. $\begin{array}{r} 21 \\ -15 \\ \hline \end{array}$
7. $\begin{array}{r} 17 \\ -11 \\ \hline \end{array}$	8. $\begin{array}{r} 11 \\ -\ 9 \\ \hline \end{array}$	9. $\begin{array}{r} 26 \\ -18 \\ \hline \end{array}$	10. $\begin{array}{r} 21 \\ -13 \\ \hline \end{array}$	11. $\begin{array}{r} 24 \\ -17 \\ \hline \end{array}$	12. $\begin{array}{r} 29 \\ -23 \\ \hline \end{array}$
13. $\begin{array}{r} 13 \\ -12 \\ \hline \end{array}$	14. $\begin{array}{r} 23 \\ -16 \\ \hline \end{array}$	15. $\begin{array}{r} 14 \\ -\ 5 \\ \hline \end{array}$	16. $\begin{array}{r} 27 \\ -24 \\ \hline \end{array}$	17. $\begin{array}{r} 14 \\ -\ 9 \\ \hline \end{array}$	18. $\begin{array}{r} 21 \\ -20 \\ \hline \end{array}$
19. $\begin{array}{r} 27 \\ -19 \\ \hline \end{array}$	20. $\begin{array}{r} 26 \\ -17 \\ \hline \end{array}$	21. $\begin{array}{r} 11 \\ -\ 6 \\ \hline \end{array}$	22. $\begin{array}{r} 23 \\ -17 \\ \hline \end{array}$	23. $\begin{array}{r} 27 \\ -23 \\ \hline \end{array}$	24. $\begin{array}{r} 10 \\ -\ 9 \\ \hline \end{array}$
25. $\begin{array}{r} 16 \\ -11 \\ \hline \end{array}$	26. $\begin{array}{r} 12 \\ -\ 9 \\ \hline \end{array}$	27. $\begin{array}{r} 16 \\ -\ 8 \\ \hline \end{array}$	28. $\begin{array}{r} 19 \\ -12 \\ \hline \end{array}$	29. $\begin{array}{r} 23 \\ -14 \\ \hline \end{array}$	30. $\begin{array}{r} 22 \\ -18 \\ \hline \end{array}$
31. $\begin{array}{r} 15 \\ -10 \\ \hline \end{array}$	32. $\begin{array}{r} 12 \\ -10 \\ \hline \end{array}$	33. $\begin{array}{r} 12 \\ -11 \\ \hline \end{array}$	34. $\begin{array}{r} 17 \\ -16 \\ \hline \end{array}$	35. $\begin{array}{r} 13 \\ -\ 8 \\ \hline \end{array}$	36. $\begin{array}{r} 21 \\ -17 \\ \hline \end{array}$
37. $\begin{array}{r} 21 \\ -18 \\ \hline \end{array}$	38. $\begin{array}{r} 28 \\ -27 \\ \hline \end{array}$	39. $\begin{array}{r} 29 \\ -26 \\ \hline \end{array}$	40. $\begin{array}{r} 18 \\ -10 \\ \hline \end{array}$	41. $\begin{array}{r} 14 \\ -13 \\ \hline \end{array}$	42. $\begin{array}{r} 19 \\ -17 \\ \hline \end{array}$
43. $\begin{array}{r} 19 \\ -15 \\ \hline \end{array}$	44. $\begin{array}{r} 10 \\ -\ 6 \\ \hline \end{array}$	45. $\begin{array}{r} 27 \\ -20 \\ \hline \end{array}$	46. $\begin{array}{r} 18 \\ -12 \\ \hline \end{array}$	47. $\begin{array}{r} 24 \\ -19 \\ \hline \end{array}$	48. $\begin{array}{r} 14 \\ -11 \\ \hline \end{array}$
49. $\begin{array}{r} 10 \\ -\ 5 \\ \hline \end{array}$	50. $\begin{array}{r} 13 \\ -11 \\ \hline \end{array}$	51. $\begin{array}{r} 21 \\ -14 \\ \hline \end{array}$	52. $\begin{array}{r} 15 \\ -\ 6 \\ \hline \end{array}$	53. $\begin{array}{r} 24 \\ -22 \\ \hline \end{array}$	54. $\begin{array}{r} 23 \\ -18 \\ \hline \end{array}$
55. $\begin{array}{r} 30 \\ -26 \\ \hline \end{array}$	56. $\begin{array}{r} 18 \\ -13 \\ \hline \end{array}$	57. $\begin{array}{r} 24 \\ -18 \\ \hline \end{array}$	58. $\begin{array}{r} 15 \\ -11 \\ \hline \end{array}$	59. $\begin{array}{r} 13 \\ -\ 9 \\ \hline \end{array}$	60. $\begin{array}{r} 20 \\ -14 \\ \hline \end{array}$

Worksheet – Day - 49

1. 21 − 12	2. 19 − 14	3. 22 − 20	4. 28 − 23	5. 21 − 18	6. 22 − 21
7. 26 − 24	8. 23 − 20	9. 30 − 25	10. 22 − 16	11. 19 − 11	12. 25 − 21
13. 22 − 14	14. 10 − 6	15. 14 − 8	16. 29 − 27	17. 15 − 12	18. 30 − 26
19. 30 − 27	20. 24 − 23	21. 27 − 18	22. 19 − 18	23. 30 − 23	24. 24 − 21
25. 23 − 17	26. 17 − 10	27. 21 − 15	28. 25 − 16	29. 13 − 11	30. 19 − 12
31. 19 − 16	32. 19 − 17	33. 26 − 18	34. 23 − 16	35. 18 − 13	36. 23 − 22
37. 18 − 12	38. 16 − 10	39. 18 − 9	40. 12 − 10	41. 21 − 20	42. 20 − 16
43. 18 − 10	44. 23 − 19	45. 28 − 24	46. 29 − 26	47. 27 − 19	48. 20 − 19
49. 17 − 9	50. 19 − 15	51. 17 − 14	52. 25 − 23	53. 13 − 12	54. 26 − 25
55. 20 − 15	56. 23 − 21	57. 13 − 10	58. 18 − 15	59. 13 − 5	60. 20 − 14

1.	29 − 20	2.	20 − 14	3.	25 − 16	4.	22 − 20	5.	30 − 22	6.	21 − 12
7.	16 − 14	8.	17 − 9	9.	13 − 10	10.	25 − 20	11.	18 − 16	12.	25 − 23
13.	13 − 8	14.	15 − 6	15.	16 − 15	16.	28 − 26	17.	18 − 11	18.	24 − 21
19.	15 − 12	20.	29 − 22	21.	22 − 15	22.	13 − 6	23.	24 − 17	24.	22 − 17
25.	21 − 20	26.	23 − 20	27.	22 − 18	28.	26 − 23	29.	13 − 9	30.	18 − 10
31.	18 − 14	32.	21 − 14	33.	14 − 9	34.	22 − 16	35.	27 − 26	36.	15 − 10
37.	11 − 9	38.	11 − 6	39.	20 − 16	40.	19 − 14	41.	10 − 6	42.	26 − 21
43.	10 − 5	44.	29 − 24	45.	21 − 13	46.	18 − 12	47.	16 − 13	48.	28 − 27
49.	20 − 15	50.	20 − 17	51.	17 − 15	52.	11 − 7	53.	25 − 21	54.	16 − 8
55.	27 − 22	56.	25 − 22	57.	20 − 18	58.	16 − 10	59.	17 − 14	60.	12 − 5

1. 26 − 25	2. 19 − 13	3. 17 − 14	4. 13 − 7	5. 17 − 9	6. 28 − 23
7. 13 − 5	8. 25 − 20	9. 18 − 12	10. 19 − 11	11. 21 − 18	12. 23 − 20
13. 13 − 12	14. 21 − 14	15. 25 − 21	16. 19 − 14	17. 20 − 13	18. 29 − 28
19. 25 − 18	20. 16 − 15	21. 26 − 21	22. 21 − 16	23. 27 − 21	24. 22 − 14
25. 27 − 24	26. 24 − 15	27. 25 − 23	28. 22 − 13	29. 26 − 22	30. 17 − 12
31. 20 − 19	32. 20 − 11	33. 23 − 16	34. 21 − 12	35. 28 − 21	36. 12 − 5
37. 26 − 20	38. 29 − 27	39. 16 − 7	40. 13 − 8	41. 16 − 13	42. 23 − 17
43. 16 − 10	44. 15 − 7	45. 26 − 19	46. 14 − 7	47. 28 − 25	48. 16 − 12
49. 19 − 16	50. 28 − 22	51. 20 − 12	52. 25 − 24	53. 21 − 13	54. 14 − 13
55. 18 − 10	56. 17 − 16	57. 29 − 24	58. 18 − 16	59. 22 − 18	60. 15 − 9

Subtraction

Worksheet – Day - 52

#		#		#		#		#		#	
1.	23 − 16	2.	21 − 14	3.	25 − 19	4.	22 − 19	5.	20 − 16	6.	17 − 9
7.	24 − 17	8.	16 − 7	9.	16 − 11	10.	21 − 20	11.	14 − 9	12.	25 − 23
13.	14 − 11	14.	18 − 12	15.	28 − 25	16.	22 − 14	17.	27 − 20	18.	26 − 24
19.	13 − 7	20.	13 − 9	21.	20 − 19	22.	25 − 24	23.	28 − 20	24.	26 − 22
25.	27 − 21	26.	20 − 14	27.	23 − 20	28.	15 − 11	29.	16 − 8	30.	17 − 13
31.	18 − 15	32.	25 − 17	33.	22 − 15	34.	17 − 11	35.	15 − 6	36.	28 − 24
37.	20 − 12	38.	24 − 15	39.	14 − 12	40.	13 − 5	41.	18 − 10	42.	14 − 7
43.	21 − 16	44.	27 − 26	45.	11 − 10	46.	24 − 16	47.	21 − 15	48.	12 − 7
49.	17 − 8	50.	29 − 21	51.	19 − 12	52.	24 − 21	53.	13 − 11	54.	28 − 23
55.	24 − 18	56.	15 − 12	57.	12 − 5	58.	27 − 22	59.	15 − 9	60.	19 − 16

1.	2.	3.	4.	5.	6.
26 − 18	15 − 7	26 − 21	18 − 13	25 − 17	24 − 15

7.	8.	9.	10.	11.	12.
29 − 28	16 − 9	12 − 11	25 − 20	28 − 25	17 − 8

13.	14.	15.	16.	17.	18.
12 − 5	21 − 17	24 − 18	15 − 14	14 − 12	19 − 15

19.	20.	21.	22.	23.	24.
13 − 11	24 − 16	18 − 17	29 − 22	27 − 24	28 − 22

25.	26.	27.	28.	29.	30.
22 − 14	15 − 8	23 − 16	19 − 14	19 − 10	28 − 19

31.	32.	33.	34.	35.	36.
16 − 7	27 − 22	12 − 9	17 − 9	18 − 12	23 − 15

37.	38.	39.	40.	41.	42.
15 − 9	19 − 13	16 − 12	18 − 9	27 − 20	12 − 6

43.	44.	45.	46.	47.	48.
22 − 21	23 − 14	26 − 19	13 − 8	20 − 13	20 − 12

49.	50.	51.	52.	53.	54.
16 − 8	24 − 20	21 − 13	14 − 10	26 − 20	22 − 16

55.	56.	57.	58.	59.	60.
20 − 11	29 − 20	13 − 10	27 − 25	14 − 8	13 − 6

Worksheet – Day - 54

1. 19 − 14	2. 23 − 15	3. 16 − 14	4. 20 − 16	5. 23 − 14	6. 17 − 8
7. 29 − 24	8. 21 − 15	9. 21 − 16	10. 22 − 20	11. 25 − 17	12. 20 − 18
13. 20 − 14	14. 15 − 7	15. 18 − 12	16. 18 − 14	17. 28 − 25	18. 16 − 11
19. 25 − 24	20. 29 − 25	21. 16 − 8	22. 24 − 16	23. 22 − 18	24. 15 − 8
25. 14 − 6	26. 16 − 15	27. 13 − 7	28. 23 − 16	29. 12 − 11	30. 21 − 18
31. 24 − 21	32. 13 − 6	33. 14 − 13	34. 21 − 14	35. 12 − 8	36. 11 − 9
37. 13 − 8	38. 15 − 14	39. 26 − 17	40. 19 − 17	41. 22 − 21	42. 17 − 9
43. 25 − 20	44. 28 − 19	45. 24 − 15	46. 13 − 9	47. 13 − 11	48. 12 − 7
49. 15 − 9	50. 27 − 20	51. 17 − 15	52. 26 − 24	53. 11 − 8	54. 21 − 12
55. 26 − 25	56. 22 − 17	57. 26 − 21	58. 29 − 28	59. 23 − 20	60. 18 − 11

1. 18 − 10	2. 28 − 23	3. 16 − 15	4. 14 − 7	5. 25 − 24	6. 24 − 16
7. 21 − 15	8. 26 − 20	9. 20 − 14	10. 16 − 8	11. 25 − 18	12. 16 − 11
13. 28 − 27	14. 21 − 16	15. 20 − 16	16. 24 − 15	17. 21 − 13	18. 15 − 8
19. 12 − 11	20. 14 − 8	21. 27 − 21	22. 18 − 12	23. 28 − 19	24. 27 − 18
25. 23 − 15	26. 13 − 12	27. 23 − 22	28. 22 − 15	29. 25 − 22	30. 12 − 6
31. 27 − 25	32. 20 − 19	33. 23 − 19	34. 12 − 8	35. 17 − 8	36. 21 − 20
37. 18 − 14	38. 15 − 6	39. 12 − 5	40. 19 − 12	41. 22 − 14	42. 26 − 17
43. 13 − 11	44. 26 − 18	45. 20 − 18	46. 13 − 8	47. 22 − 17	48. 20 − 12
49. 20 − 15	50. 14 − 10	51. 14 − 5	52. 28 − 22	53. 28 − 25	54. 26 − 25
55. 26 − 22	56. 19 − 15	57. 18 − 11	58. 24 − 17	59. 18 − 13	60. 15 − 9

Worksheet – Day - 56

1. 15 − 12	2. 21 − 13	3. 18 − 9	4. 13 − 11	5. 24 − 16	6. 25 − 24
7. 12 − 10	8. 26 − 22	9. 14 − 11	10. 19 − 13	11. 15 − 7	12. 15 − 9
13. 18 − 16	14. 14 − 6	15. 28 − 26	16. 18 − 14	17. 14 − 8	18. 28 − 27
19. 18 − 10	20. 23 − 15	21. 21 − 15	22. 20 − 16	23. 13 − 10	24. 16 − 13
25. 17 − 15	26. 25 − 18	27. 22 − 18	28. 19 − 15	29. 28 − 24	30. 14 − 13
31. 17 − 9	32. 20 − 15	33. 17 − 14	34. 22 − 21	35. 19 − 18	36. 15 − 6
37. 19 − 12	38. 15 − 10	39. 18 − 11	40. 27 − 23	41. 11 − 8	42. 22 − 15
43. 28 − 25	44. 25 − 21	45. 24 − 22	46. 27 − 22	47. 14 − 5	48. 12 − 7
49. 19 − 11	50. 17 − 8	51. 29 − 22	52. 22 − 20	53. 27 − 21	54. 22 − 13
55. 14 − 7	56. 18 − 13	57. 25 − 20	58. 26 − 23	59. 23 − 17	60. 26 − 20

Worksheet – Day - 57

1.	2.	3.	4.	5.	6.
29 − 26	23 − 15	27 − 18	25 − 23	22 − 13	14 − 13

7.	8.	9.	10.	11.	12.
23 − 21	13 − 12	14 − 11	20 − 19	15 − 8	27 − 22

13.	14.	15.	16.	17.	18.
18 − 15	29 − 22	22 − 16	21 − 15	27 − 19	12 − 6

19.	20.	21.	22.	23.	24.
13 − 11	28 − 22	19 − 16	14 − 9	21 − 17	27 − 20

25.	26.	27.	28.	29.	30.
14 − 6	16 − 7	16 − 13	24 − 17	17 − 9	25 − 16

31.	32.	33.	34.	35.	36.
21 − 14	27 − 25	22 − 21	23 − 14	20 − 15	25 − 20

37.	38.	39.	40.	41.	42.
25 − 22	18 − 12	14 − 12	19 − 14	21 − 18	12 − 11

43.	44.	45.	46.	47.	48.
28 − 27	22 − 20	16 − 11	15 − 7	20 − 14	22 − 17

49.	50.	51.	52.	53.	54.
12 − 10	25 − 24	24 − 15	16 − 8	15 − 10	24 − 16

55.	56.	57.	58.	59.	60.
20 − 13	17 − 8	16 − 9	14 − 5	13 − 8	19 − 17

1. 25 − 22	2. 27 − 21	3. 22 − 21	4. 22 − 16	5. 16 − 8	6. 21 − 18
7. 22 − 20	8. 25 − 19	9. 28 − 26	10. 17 − 8	11. 17 − 9	12. 28 − 20
13. 27 − 26	14. 21 − 12	15. 23 − 16	16. 16 − 11	17. 26 − 20	18. 12 − 10
19. 17 − 14	20. 25 − 20	21. 15 − 7	22. 21 − 14	23. 26 − 18	24. 24 − 20
25. 13 − 12	26. 23 − 19	27. 21 − 15	28. 14 − 13	29. 13 − 8	30. 23 − 22
31. 27 − 24	32. 28 − 27	33. 19 − 12	34. 29 − 27	35. 20 − 11	36. 13 − 11
37. 23 − 15	38. 24 − 15	39. 19 − 11	40. 22 − 13	41. 28 − 21	42. 11 − 9
43. 25 − 21	44. 21 − 16	45. 28 − 19	46. 26 − 22	47. 15 − 13	48. 15 − 9
49. 17 − 15	50. 21 − 13	51. 13 − 5	52. 17 − 13	53. 15 − 8	54. 11 − 10
55. 18 − 12	56. 16 − 15	57. 23 − 20	58. 15 − 6	59. 27 − 18	60. 14 − 7

1. 28 − 22	2. 21 − 14	3. 11 − 10	4. 15 − 6	5. 20 − 16	6. 23 − 22
7. 27 − 21	8. 13 − 9	9. 18 − 13	10. 19 − 10	11. 24 − 15	12. 29 − 24
13. 24 − 16	14. 13 − 6	15. 13 − 8	16. 14 − 10	17. 29 − 23	18. 15 − 7
19. 23 − 15	20. 12 − 11	21. 20 − 17	22. 16 − 7	23. 26 − 20	24. 27 − 18
25. 25 − 21	26. 27 − 24	27. 11 − 6	28. 22 − 21	29. 16 − 8	30. 29 − 28
31. 13 − 11	32. 17 − 9	33. 27 − 19	34. 22 − 14	35. 12 − 9	36. 16 − 11
37. 17 − 10	38. 16 − 12	39. 12 − 5	40. 20 − 12	41. 27 − 20	42. 13 − 12
43. 26 − 21	44. 18 − 11	45. 12 − 7	46. 23 − 17	47. 15 − 12	48. 21 − 16
49. 21 − 13	50. 23 − 14	51. 22 − 19	52. 14 − 7	53. 27 − 25	54. 24 − 23
55. 18 − 14	56. 28 − 23	57. 20 − 14	58. 14 − 13	59. 22 − 17	60. 18 − 15

#		#		#		#		#		#	
1.	15 − 6	2.	21 − 13	3.	19 − 14	4.	26 − 19	5.	26 − 18	6.	28 − 24
7.	13 − 7	8.	19 − 13	9.	14 − 11	10.	22 − 16	11.	15 − 14	12.	25 − 18
13.	21 − 14	14.	19 − 18	15.	25 − 21	16.	27 − 23	17.	18 − 15	18.	19 − 12
19.	13 − 10	20.	20 − 17	21.	14 − 7	22.	16 − 11	23.	16 − 13	24.	17 − 11
25.	18 − 13	26.	14 − 9	27.	13 − 12	28.	14 − 8	29.	23 − 20	30.	23 − 14
31.	28 − 21	32.	24 − 19	33.	25 − 22	34.	22 − 15	35.	19 − 11	36.	20 − 14
37.	16 − 15	38.	24 − 16	39.	26 − 17	40.	24 − 17	41.	26 − 22	42.	12 − 11
43.	22 − 14	44.	16 − 7	45.	23 − 19	46.	18 − 10	47.	28 − 25	48.	26 − 20
49.	27 − 22	50.	27 − 24	51.	29 − 28	52.	14 − 10	53.	24 − 22	54.	27 − 20
55.	24 − 15	56.	16 − 8	57.	28 − 22	58.	19 − 16	59.	24 − 20	60.	13 − 6

Name:

Date: Time: Score:

#		#		#		#		#		#	
1.	50 − 32	2.	66 − 32	3.	59 − 50	4.	69 − 56	5.	66 − 44	6.	44 − 37
7.	57 − 53	8.	69 − 36	9.	67 − 6	10.	46 − 45	11.	57 − 46	12.	54 − 54
13.	63 − 28	14.	38 − 23	15.	50 − 40	16.	32 − 22	17.	65 − 63	18.	57 − 50
19.	38 − 30	20.	32 − 11	21.	69 − 45	22.	61 − 7	23.	47 − 10	24.	46 − 10
25.	35 − 25	26.	65 − 32	27.	60 − 51	28.	66 − 50	29.	69 − 64	30.	53 − 22
31.	53 − 26	32.	40 − 10	33.	52 − 40	34.	39 − 9	35.	39 − 12	36.	67 − 19
37.	68 − 9	38.	68 − 42	39.	51 − 38	40.	68 − 12	41.	45 − 39	42.	64 − 41
43.	62 − 9	44.	31 − 30	45.	64 − 23	46.	35 − 26	47.	54 − 32	48.	42 − 29
49.	47 − 34	50.	37 − 27	51.	65 − 7	52.	46 − 34	53.	49 − 30	54.	63 − 54
55.	60 − 27	56.	44 − 39	57.	44 − 24	58.	31 − 16	59.	40 − 39	60.	65 − 57

Worksheet – Day - 62

1. 57 – 20	2. 39 – 37	3. 31 – 11	4. 53 – 25	5. 58 – 22	6. 34 – 30
7. 50 – 18	8. 38 – 17	9. 46 – 12	10. 33 – 13	11. 38 – 12	12. 36 – 19
13. 67 – 23	14. 42 – 10	15. 50 – 45	16. 44 – 24	17. 60 – 23	18. 68 – 43
19. 60 – 31	20. 55 – 18	21. 68 – 32	22. 34 – 18	23. 40 – 23	24. 42 – 8
25. 40 – 28	26. 30 – 8	27. 63 – 42	28. 55 – 29	29. 33 – 27	30. 29 – 23
31. 65 – 33	32. 65 – 55	33. 67 – 44	34. 32 – 10	35. 42 – 28	36. 53 – 50
37. 49 – 42	38. 41 – 34	39. 33 – 26	40. 67 – 21	41. 63 – 54	42. 64 – 21
43. 55 – 12	44. 57 – 31	45. 49 – 49	46. 48 – 43	47. 43 – 24	48. 50 – 17
49. 49 – 33	50. 46 – 10	51. 60 – 41	52. 32 – 7	53. 53 – 5	54. 43 – 37
55. 45 – 19	56. 53 – 32	57. 61 – 42	58. 53 – 8	59. 68 – 47	60. 68 – 64

1. $49 - 41$	2. $34 - 23$	3. $48 - 32$	4. $48 - 40$	5. $40 - 34$	6. $39 - 23$
7. $29 - 25$	8. $48 - 14$	9. $60 - 49$	10. $56 - 38$	11. $61 - 53$	12. $33 - 9$
13. $45 - 41$	14. $33 - 25$	15. $65 - 33$	16. $41 - 35$	17. $55 - 30$	18. $54 - 52$
19. $51 - 26$	20. $53 - 52$	21. $50 - 29$	22. $51 - 32$	23. $34 - 7$	24. $51 - 50$
25. $36 - 18$	26. $40 - 11$	27. $29 - 13$	28. $34 - 24$	29. $57 - 56$	30. $38 - 24$
31. $50 - 40$	32. $65 - 54$	33. $49 - 23$	34. $64 - 35$	35. $37 - 22$	36. $55 - 21$
37. $37 - 27$	38. $34 - 13$	39. $41 - 24$	40. $43 - 10$	41. $50 - 27$	42. $36 - 9$
43. $62 - 24$	44. $44 - 43$	45. $39 - 24$	46. $39 - 6$	47. $47 - 36$	48. $54 - 41$
49. $32 - 24$	50. $36 - 6$	51. $59 - 39$	52. $59 - 57$	53. $68 - 26$	54. $37 - 32$
55. $44 - 12$	56. $68 - 61$	57. $38 - 18$	58. $39 - 19$	59. $54 - 23$	60. $52 - 31$

Subtraction

Name:
Date: Time: Score:

Worksheet – Day - 64

1. 35 − 12	2. 40 − 8	3. 32 − 10	4. 38 − 18	5. 55 − 32	6. 47 − 17
7. 35 − 15	8. 44 − 40	9. 59 − 17	10. 36 − 20	11. 34 − 20	12. 53 − 8
13. 53 − 23	14. 61 − 8	15. 49 − 14	16. 33 − 25	17. 35 − 23	18. 65 − 36
19. 43 − 30	20. 65 − 52	21. 34 − 29	22. 37 − 31	23. 57 − 40	24. 58 − 53
25. 31 − 14	26. 56 − 26	27. 37 − 8	28. 47 − 31	29. 55 − 16	30. 49 − 36
31. 44 − 11	32. 64 − 31	33. 47 − 37	34. 35 − 22	35. 46 − 40	36. 51 − 9
37. 43 − 20	38. 44 − 17	39. 41 − 33	40. 43 − 40	41. 55 − 51	42. 30 − 9
43. 50 − 37	44. 50 − 8	45. 36 − 13	46. 63 − 13	47. 35 − 11	48. 46 − 44
49. 67 − 53	50. 44 − 42	51. 50 − 13	52. 48 − 13	53. 61 − 38	54. 31 − 26
55. 57 − 12	56. 42 − 38	57. 63 − 39	58. 31 − 17	59. 35 − 26	60. 66 − 50

#		#		#		#		#		#	
1.	39 − 8	2.	44 − 11	3.	69 − 31	4.	66 − 15	5.	68 − 32	6.	43 − 25
7.	45 − 21	8.	44 − 23	9.	46 − 39	10.	44 − 41	11.	55 − 41	12.	44 − 6
13.	67 − 65	14.	40 − 25	15.	34 − 33	16.	62 − 18	17.	63 − 42	18.	57 − 29
19.	61 − 23	20.	37 − 17	21.	56 − 51	22.	62 − 21	23.	60 − 48	24.	49 − 25
25.	37 − 24	26.	30 − 13	27.	42 − 42	28.	33 − 20	29.	57 − 23	30.	38 − 6
31.	34 − 16	32.	30 − 5	33.	53 − 11	34.	56 − 43	35.	57 − 53	36.	56 − 11
37.	55 − 55	38.	40 − 31	39.	64 − 10	40.	39 − 10	41.	48 − 41	42.	43 − 26
43.	67 − 37	44.	65 − 57	45.	51 − 13	46.	59 − 29	47.	33 − 10	48.	39 − 15
49.	64 − 54	50.	56 − 38	51.	33 − 26	52.	59 − 20	53.	65 − 59	54.	55 − 22
55.	58 − 25	56.	55 − 36	57.	32 − 7	58.	51 − 18	59.	30 − 17	60.	31 − 7

Subtraction

Worksheet – Day - 66

1. 38 − 32	2. 37 − 22	3. 36 − 12	4. 30 − 17	5. 58 − 56	6. 63 − 8
7. 46 − 30	8. 31 − 24	9. 33 − 7	10. 54 − 7	11. 63 − 37	12. 35 − 10
13. 50 − 11	14. 44 − 6	15. 54 − 53	16. 40 − 19	17. 60 − 38	18. 46 − 17
19. 50 − 14	20. 33 − 24	21. 64 − 16	22. 53 − 41	23. 50 − 32	24. 37 − 20
25. 30 − 25	26. 37 − 35	27. 63 − 6	28. 38 − 28	29. 55 − 7	30. 30 − 7
31. 63 − 63	32. 63 − 49	33. 57 − 29	34. 40 − 34	35. 37 − 29	36. 37 − 33
37. 68 − 65	38. 36 − 26	39. 67 − 30	40. 55 − 50	41. 66 − 60	42. 30 − 26
43. 60 − 23	44. 50 − 39	45. 44 − 34	46. 55 − 30	47. 37 − 6	48. 62 − 55
49. 43 − 37	50. 31 − 6	51. 42 − 19	52. 40 − 14	53. 53 − 20	54. 68 − 62
55. 62 − 37	56. 59 − 19	57. 44 − 9	58. 35 − 34	59. 68 − 6	60. 68 − 28

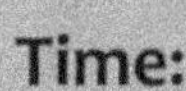

Worksheet – Day - 67

1. 66 − 37	2. 47 − 24	3. 33 − 25	4. 57 − 54	5. 34 − 14	6. 42 − 9
7. 43 − 28	8. 52 − 30	9. 54 − 42	10. 38 − 21	11. 44 − 30	12. 66 − 54
13. 69 − 29	14. 34 − 7	15. 65 − 56	16. 65 − 25	17. 64 − 46	18. 33 − 28
19. 66 − 55	20. 35 − 32	21. 53 − 7	22. 60 − 34	23. 39 − 27	24. 66 − 52
25. 50 − 32	26. 43 − 13	27. 61 − 33	28. 69 − 24	29. 53 − 36	30. 48 − 37
31. 52 − 34	32. 31 − 12	33. 45 − 44	34. 38 − 26	35. 49 − 39	36. 54 − 44
37. 53 − 20	38. 64 − 24	39. 64 − 29	40. 52 − 22	41. 47 − 20	42. 51 − 19
43. 49 − 35	44. 51 − 22	45. 57 − 47	46. 38 − 14	47. 43 − 21	48. 42 − 42
49. 69 − 36	50. 33 − 12	51. 45 − 16	52. 39 − 31	53. 69 − 40	54. 54 − 29
55. 54 − 37	56. 47 − 13	57. 32 − 8	58. 40 − 13	59. 32 − 25	60. 60 − 45

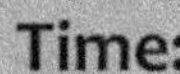

1. 46 − 41	2. 66 − 48	3. 51 − 20	4. 47 − 12	5. 68 − 60	6. 42 − 19
7. 41 − 16	8. 67 − 15	9. 33 − 27	10. 41 − 40	11. 31 − 7	12. 58 − 7
13. 44 − 6	14. 37 − 13	15. 35 − 8	16. 66 − 20	17. 58 − 25	18. 62 − 35
19. 43 − 26	20. 37 − 26	21. 33 − 18	22. 49 − 38	23. 42 − 7	24. 64 − 51
25. 35 − 9	26. 34 − 13	27. 46 − 38	28. 56 − 24	29. 35 − 32	30. 43 − 25
31. 34 − 11	32. 30 − 27	33. 67 − 10	34. 55 − 51	35. 48 − 23	36. 62 − 36
37. 52 − 36	38. 63 − 39	39. 51 − 50	40. 58 − 21	41. 35 − 18	42. 32 − 5
43. 68 − 45	44. 62 − 57	45. 57 − 29	46. 44 − 23	47. 38 − 27	48. 50 − 45
49. 46 − 31	50. 61 − 19	51. 46 − 44	52. 42 − 32	53. 41 − 27	54. 57 − 46
55. 61 − 15	56. 36 − 6	57. 44 − 33	58. 34 − 5	59. 65 − 24	60. 40 − 30

1. 38 − 38	2. 31 − 14	3. 42 − 38	4. 34 − 33	5. 36 − 34	6. 36 − 19
7. 64 − 17	8. 33 − 15	9. 57 − 24	10. 66 − 7	11. 68 − 44	12. 55 − 15
13. 40 − 11	14. 41 − 34	15. 60 − 28	16. 58 − 31	17. 68 − 49	18. 58 − 22
19. 56 − 53	20. 40 − 33	21. 55 − 54	22. 66 − 58	23. 29 − 22	24. 35 − 10
25. 53 − 42	26. 41 − 25	27. 45 − 14	28. 59 − 38	29. 43 − 37	30. 33 − 9
31. 53 − 20	32. 37 − 29	33. 38 − 27	34. 48 − 13	35. 48 − 39	36. 56 − 44
37. 32 − 8	38. 44 − 43	39. 57 − 46	40. 37 − 23	41. 30 − 9	42. 38 − 5
43. 33 − 10	44. 32 − 25	45. 66 − 13	46. 68 − 59	47. 63 − 14	48. 38 − 16
49. 61 − 14	50. 55 − 21	51. 38 − 37	52. 56 − 46	53. 33 − 20	54. 47 − 17
55. 63 − 50	56. 65 − 38	57. 54 − 31	58. 34 − 18	59. 32 − 10	60. 55 − 8

Name:
Date: Time: Score:

Worksheet – Day - 70

1. 53 − 40	2. 39 − 17	3. 62 − 52	4. 66 − 62	5. 65 − 7	6. 36 − 22
7. 35 − 31	8. 42 − 7	9. 48 − 23	10. 65 − 40	11. 57 − 47	12. 65 − 14
13. 38 − 19	14. 38 − 16	15. 30 − 25	16. 39 − 26	17. 50 − 32	18. 58 − 31
19. 57 − 22	20. 68 − 22	21. 53 − 30	22. 45 − 38	23. 53 − 22	24. 45 − 35
25. 37 − 7	26. 68 − 47	27. 40 − 7	28. 43 − 35	29. 62 − 11	30. 34 − 16
31. 53 − 34	32. 65 − 12	33. 60 − 37	34. 30 − 19	35. 35 − 30	36. 43 − 10
37. 47 − 32	38. 68 − 17	39. 45 − 9	40. 51 − 45	41. 30 − 16	42. 34 − 33
43. 61 − 39	44. 42 − 22	45. 39 − 37	46. 55 − 35	47. 37 − 24	48. 56 − 6
49. 54 − 19	50. 31 − 5	51. 43 − 37	52. 54 − 22	53. 58 − 50	54. 38 − 26
55. 32 − 9	56. 51 − 17	57. 43 − 11	58. 47 − 44	59. 41 − 11	60. 39 − 24

1. $41 - 12$	2. $36 - 28$	3. $66 - 57$	4. $68 - 65$	5. $52 - 11$	6. $31 - 19$
7. $50 - 13$	8. $63 - 51$	9. $39 - 38$	10. $45 - 32$	11. $44 - 9$	12. $51 - 47$
13. $31 - 30$	14. $38 - 22$	15. $51 - 37$	16. $68 - 60$	17. $59 - 48$	18. $51 - 24$
19. $36 - 35$	20. $66 - 27$	21. $56 - 12$	22. $52 - 17$	23. $57 - 6$	24. $59 - 15$
25. $41 - 29$	26. $56 - 22$	27. $60 - 37$	28. $36 - 11$	29. $55 - 18$	30. $57 - 55$
31. $54 - 27$	32. $45 - 40$	33. $35 - 10$	34. $60 - 44$	35. $54 - 26$	36. $54 - 19$
37. $31 - 6$	38. $68 - 20$	39. $49 - 17$	40. $38 - 6$	41. $37 - 6$	42. $37 - 33$
43. $30 - 21$	44. $33 - 10$	45. $54 - 22$	46. $59 - 54$	47. $40 - 38$	48. $58 - 18$
49. $58 - 43$	50. $34 - 20$	51. $51 - 45$	52. $31 - 15$	53. $41 - 32$	54. $53 - 50$
55. $57 - 25$	56. $63 - 33$	57. $33 - 22$	58. $33 - 13$	59. $56 - 42$	60. $69 - 10$

Subtraction

Name: **Date:** **Time:** **Score:**

Worksheet – Day - 72

1. 41 − 32	2. 49 − 40	3. 35 − 27	4. 61 − 15	5. 49 − 20	6. 62 − 41
7. 43 − 18	8. 52 − 38	9. 55 − 24	10. 64 − 42	11. 37 − 10	12. 29 − 10
13. 63 − 42	14. 46 − 30	15. 66 − 21	16. 37 − 16	17. 45 − 13	18. 47 − 41
19. 46 − 42	20. 38 − 15	21. 63 − 40	22. 33 − 30	23. 56 − 16	24. 34 − 27
25. 30 − 15	26. 55 − 20	27. 63 − 26	28. 65 − 14	29. 58 − 20	30. 66 − 37
31. 41 − 12	32. 38 − 13	33. 34 − 19	34. 38 − 10	35. 65 − 48	36. 40 − 31
37. 35 − 22	38. 60 − 38	39. 31 − 8	40. 51 − 34	41. 49 − 35	42. 52 − 30
43. 54 − 49	44. 49 − 6	45. 41 − 15	46. 34 − 9	47. 68 − 49	48. 29 − 21
49. 43 − 38	50. 60 − 15	51. 69 − 68	52. 63 − 23	53. 34 − 32	54. 35 − 13
55. 52 − 19	56. 33 − 22	57. 59 − 21	58. 30 − 21	59. 53 − 38	60. 54 − 17

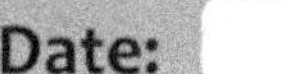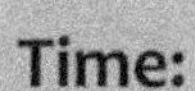

Name:

Date: Time: Score:

Worksheet – Day - 73

1. 29 − 10	2. 63 − 41	3. 53 − 12

1.	2.	3.	4.	5.	6.
29 − 10	63 − 41	53 − 12	59 − 30	51 − 11	38 − 12
7.	8.	9.	10.	11.	12.
43 − 19	55 − 31	62 − 21	46 − 33	59 − 17	47 − 6
13.	14.	15.	16.	17.	18.
37 − 21	44 − 31	56 − 25	31 − 22	39 − 23	36 − 29
19.	20.	21.	22.	23.	24.
35 − 12	57 − 56	35 − 26	58 − 29	32 − 29	40 − 19
25.	26.	27.	28.	29.	30.
55 − 30	61 − 23	40 − 37	49 − 40	59 − 50	46 − 9
31.	32.	33.	34.	35.	36.
60 − 10	60 − 15	32 − 20	67 − 56	36 − 32	44 − 28
37.	38.	39.	40.	41.	42.
52 − 26	50 − 7	49 − 49	67 − 23	38 − 37	30 − 9
43.	44.	45.	46.	47.	48.
52 − 39	44 − 18	30 − 15	30 − 13	62 − 39	37 − 8
49.	50.	51.	52.	53.	54.
65 − 38	45 − 25	67 − 32	37 − 30	34 − 11	45 − 23
55.	56.	57.	58.	59.	60.
41 − 33	64 − 13	64 − 52	31 − 21	53 − 21	36 − 24

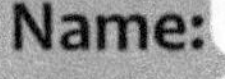

#		#		#		#		#		#	
1.	61 − 50	2.	62 − 8	3.	60 − 59	4.	38 − 20	5.	34 − 33	6.	53 − 27
7.	43 − 35	8.	60 − 19	9.	30 − 14	10.	68 − 39	11.	66 − 40	12.	33 − 12
13.	47 − 34	14.	58 − 27	15.	30 − 12	16.	67 − 8	17.	41 − 17	18.	54 − 25
19.	67 − 10	20.	47 − 38	21.	53 − 50	22.	42 − 18	23.	36 − 18	24.	61 − 10
25.	30 − 25	26.	52 − 16	27.	44 − 30	28.	57 − 17	29.	57 − 35	30.	54 − 9
31.	40 − 34	32.	46 − 39	33.	69 − 40	34.	35 − 6	35.	35 − 16	36.	41 − 40
37.	66 − 17	38.	67 − 5	39.	39 − 31	40.	33 − 6	41.	65 − 42	42.	45 − 14
43.	57 − 42	44.	56 − 39	45.	54 − 24	46.	57 − 25	47.	47 − 20	48.	50 − 40
49.	49 − 26	50.	43 − 28	51.	40 − 32	52.	67 − 46	53.	49 − 32	54.	42 − 12
55.	57 − 41	56.	69 − 66	57.	48 − 31	58.	37 − 26	59.	46 − 13	60.	34 − 13

Subtraction

Concept: Subtraction

Name:
Date: Time: Score:

Worksheet – Day - 75

1. 64 − 33	2. 45 − 35	3. 55 − 51	4. 49 − 30	5. 56 − 13	6. 49 − 39
7. 45 − 25	8. 59 − 12	9. 56 − 43	10. 58 − 10	11. 68 − 64	12. 66 − 58
13. 35 − 31	14. 43 − 16	15. 43 − 7	16. 58 − 48	17. 44 − 12	18. 30 − 20
19. 34 − 27	20. 49 − 29	21. 37 − 12	22. 51 − 50	23. 63 − 9	24. 68 − 48
25. 49 − 7	26. 64 − 28	27. 49 − 25	28. 43 − 39	29. 29 − 20	30. 45 − 37
31. 61 − 16	32. 45 − 19	33. 59 − 55	34. 59 − 31	35. 58 − 12	36. 68 − 46
37. 68 − 32	38. 59 − 14	39. 38 − 36	40. 29 − 7	41. 65 − 45	42. 62 − 23
43. 36 − 16	44. 41 − 38	45. 62 − 12	46. 52 − 27	47. 43 − 32	48. 59 − 59
49. 62 − 16	50. 41 − 23	51. 67 − 27	52. 32 − 11	53. 45 − 8	54. 57 − 15
55. 55 − 8	56. 54 − 20	57. 65 − 13	58. 44 − 9	59. 36 − 18	60. 54 − 46

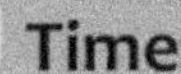

1. 55 − 35	2. 51 − 28	3. 41 − 15	4. 56 − 43	5. 43 − 6	6. 58 − 9
7. 60 − 27	8. 57 − 29	9. 39 − 38	10. 67 − 20	11. 37 − 26	12. 48 − 28
13. 63 − 7	14. 61 − 39	15. 54 − 40	16. 30 − 25	17. 41 − 22	18. 63 − 26
19. 61 − 37	20. 65 − 12	21. 45 − 43	22. 62 − 40	23. 42 − 25	24. 50 − 28
25. 46 − 43	26. 63 − 17	27. 48 − 21	28. 54 − 54	29. 34 − 6	30. 55 − 19
31. 48 − 8	32. 34 − 23	33. 30 − 28	34. 60 − 22	35. 51 − 21	36. 55 − 39
37. 31 − 26	38. 63 − 20	39. 62 − 53	40. 37 − 14	41. 49 − 18	42. 36 − 26
43. 63 − 52	44. 42 − 39	45. 63 − 55	46. 38 − 31	47. 66 − 44	48. 55 − 21
49. 62 − 17	50. 53 − 24	51. 60 − 16	52. 67 − 10	53. 40 − 11	54. 35 − 24
55. 50 − 22	56. 36 − 14	57. 62 − 25	58. 60 − 14	59. 64 − 32	60. 53 − 45

1. 48 − 35	2. 33 − 29	3. 59 − 27	4. 36 − 21	5. 46 − 30	6. 39 − 32
7. 50 − 19	8. 43 − 9	9. 45 − 32	10. 56 − 40	11. 45 − 24	12. 56 − 54
13. 68 − 41	14. 64 − 34	15. 46 − 20	16. 47 − 22	17. 61 − 58	18. 58 − 19
19. 68 − 32	20. 46 − 35	21. 48 − 5	22. 67 − 40	23. 30 − 6	24. 62 − 31
25. 61 − 49	26. 31 − 7	27. 50 − 45	28. 46 − 5	29. 29 − 9	30. 64 − 15
31. 51 − 36	32. 33 − 7	33. 36 − 31	34. 69 − 42	35. 52 − 9	36. 35 − 34
37. 39 − 36	38. 38 − 18	39. 50 − 10	40. 66 − 63	41. 58 − 27	42. 56 − 38
43. 42 − 18	44. 64 − 59	45. 49 − 37	46. 51 − 17	47. 37 − 30	48. 65 − 58
49. 45 − 13	50. 30 − 12	51. 65 − 48	52. 54 − 8	53. 63 − 41	54. 56 − 7
55. 48 − 43	56. 39 − 37	57. 47 − 11	58. 29 − 16	59. 58 − 49	60. 68 − 10

Subtraction

Worksheet – Day - 78

1. 32 − 28	2. 62 − 24	3. 47 − 46	4. 58 − 28	5. 49 − 34	6. 58 − 43
7. 66 − 34	8. 50 − 48	9. 30 − 12	10. 49 − 16	11. 38 − 20	12. 38 − 17
13. 52 − 33	14. 62 − 9	15. 61 − 30	16. 35 − 22	17. 38 − 36	18. 37 − 6
19. 64 − 23	20. 54 − 48	21. 64 − 20	22. 51 − 43	23. 35 − 20	24. 30 − 29
25. 54 − 7	26. 46 − 24	27. 42 − 32	28. 63 − 40	29. 54 − 27	30. 60 − 51
31. 36 − 26	32. 49 − 12	33. 49 − 47	34. 40 − 22	35. 32 − 24	36. 55 − 36
37. 44 − 44	38. 66 − 30	39. 38 − 7	40. 52 − 44	41. 47 − 37	42. 30 − 22
43. 39 − 22	44. 33 − 22	45. 46 − 23	46. 50 − 40	47. 57 − 16	48. 53 − 29
49. 42 − 5	50. 29 − 7	51. 57 − 12	52. 68 − 50	53. 62 − 45	54. 43 − 37
55. 56 − 16	56. 38 − 28	57. 40 − 16	58. 38 − 34	59. 30 − 26	60. 65 − 6

Name:
Date: Time: Score:

Worksheet – Day - 79

1. 63 − 44	2. 31 − 22	3. 36 − 32	4. 66 − 14	5. 44 − 22	6. 32 − 11
7. 31 − 18	8. 34 − 14	9. 60 − 21	10. 62 − 36	11. 35 − 13	12. 66 − 17
13. 37 − 32	14. 49 − 22	15. 69 − 51	16. 48 − 26	17. 33 − 33	18. 37 − 6
19. 32 − 14	20. 51 − 50	21. 60 − 16	22. 48 − 15	23. 34 − 6	24. 55 − 43
25. 37 − 35	26. 33 − 25	27. 29 − 13	28. 64 − 41	29. 58 − 50	30. 47 − 20
31. 43 − 25	32. 35 − 25	33. 68 − 43	34. 33 − 7	35. 41 − 8	36. 38 − 20
37. 59 − 52	38. 60 − 56	39. 60 − 43	40. 32 − 10	41. 36 − 28	42. 37 − 7
43. 54 − 41	44. 48 − 37	45. 34 − 22	46. 42 − 13	47. 64 − 16	48. 53 − 17
49. 31 − 26	50. 40 − 23	51. 66 − 41	52. 48 − 10	53. 57 − 38	54. 68 − 14
55. 52 − 49	56. 62 − 7	57. 60 − 20	58. 36 − 24	59. 43 − 8	60. 30 − 11

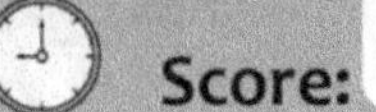

#		#		#		#		#		#	
1.	35 − 15	2.	67 − 48	3.	60 − 59	4.	53 − 32	5.	39 − 23	6.	64 − 62
7.	46 − 28	8.	39 − 25	9.	40 − 8	10.	43 − 43	11.	60 − 23	12.	36 − 11
13.	60 − 20	14.	47 − 30	15.	30 − 30	16.	65 − 63	17.	61 − 7	18.	44 − 27
19.	55 − 43	20.	42 − 32	21.	31 − 16	22.	64 − 9	23.	31 − 27	24.	53 − 16
25.	30 − 20	26.	43 − 15	27.	58 − 7	28.	47 − 39	29.	36 − 29	30.	66 − 35
31.	51 − 5	32.	51 − 17	33.	54 − 50	34.	36 − 17	35.	36 − 26	36.	59 − 39
37.	67 − 27	38.	47 − 9	39.	34 − 32	40.	56 − 16	41.	52 − 25	42.	54 − 36
43.	38 − 30	44.	52 − 32	45.	44 − 40	46.	63 − 54	47.	36 − 6	48.	64 − 41
49.	47 − 11	50.	31 − 14	51.	56 − 49	52.	50 − 9	53.	32 − 8	54.	43 − 8
55.	55 − 5	56.	61 − 23	57.	47 − 10	58.	55 − 55	59.	56 − 26	60.	61 − 38

Worksheet – Day - 81

1. 41 − 6	2. 55 − 51	3. 47 − 44	4. 49 − 41	5. 55 − 54	6. 38 − 20
7. 36 − 12	8. 60 − 47	9. 34 − 9	10. 56 − 30	11. 38 − 15	12. 39 − 34
13. 30 − 26	14. 52 − 41	15. 68 − 34	16. 47 − 16	17. 45 − 23	18. 31 − 21
19. 37 − 24	20. 54 − 13	21. 53 − 31	22. 46 − 32	23. 60 − 24	24. 35 − 12
25. 43 − 39	26. 64 − 37	27. 59 − 23	28. 44 − 44	29. 61 − 51	30. 64 − 41
31. 43 − 33	32. 63 − 17	33. 50 − 48	34. 32 − 24	35. 36 − 9	36. 51 − 29
37. 49 − 28	38. 64 − 45	39. 64 − 40	40. 32 − 23	41. 57 − 24	42. 45 − 9
43. 52 − 48	44. 50 − 8	45. 32 − 6	46. 63 − 28	47. 58 − 6	48. 62 − 54
49. 56 − 17	50. 34 − 29	51. 40 − 21	52. 30 − 10	53. 42 − 18	54. 30 − 11
55. 47 − 35	56. 34 − 11	57. 59 − 16	58. 66 − 64	59. 42 − 33	60. 54 − 35

1. 46 − 46	2. 55 − 12	3. 41 − 11	4. 61 − 33	5. 57 − 6	6. 29 − 21
7. 48 − 16	8. 45 − 15	9. 42 − 12	10. 59 − 17	11. 64 − 23	12. 54 − 23
13. 66 − 44	14. 55 − 31	15. 33 − 29	16. 51 − 47	17. 53 − 30	18. 44 − 16
19. 61 − 55	20. 66 − 16	21. 52 − 30	22. 50 − 25	23. 57 − 29	24. 58 − 31
25. 61 − 42	26. 55 − 11	27. 29 − 15	28. 58 − 12	29. 37 − 26	30. 49 − 17
31. 44 − 38	32. 48 − 9	33. 31 − 30	34. 64 − 12	35. 47 − 23	36. 40 − 26
37. 55 − 23	38. 60 − 15	39. 56 − 28	40. 65 − 14	41. 58 − 28	42. 37 − 18
43. 65 − 17	44. 60 − 19	45. 66 − 37	46. 56 − 18	47. 56 − 20	48. 35 − 25
49. 68 − 43	50. 46 − 37	51. 54 − 38	52. 38 − 12	53. 63 − 29	54. 59 − 25
55. 43 − 12	56. 53 − 41	57. 59 − 24	58. 51 − 49	59. 55 − 8	60. 37 − 32

1. 36 − 24	2. 37 − 35	3. 59 − 6	4. 66 − 26	5. 37 − 9	6. 38 − 7
7. 30 − 8	8. 50 − 7	9. 38 − 5	10. 52 − 27	11. 47 − 22	12. 65 − 49
13. 66 − 62	14. 49 − 19	15. 59 − 16	16. 30 − 28	17. 45 − 28	18. 54 − 54
19. 48 − 18	20. 47 − 39	21. 49 − 23	22. 36 − 12	23. 68 − 39	24. 58 − 39
25. 62 − 34	26. 48 − 36	27. 45 − 36	28. 58 − 29	29. 29 − 25	30. 50 − 32
31. 53 − 5	32. 33 − 13	33. 56 − 28	34. 49 − 29	35. 51 − 47	36. 51 − 40
37. 68 − 6	38. 38 − 28	39. 60 − 26	40. 37 − 33	41. 49 − 16	42. 48 − 21
43. 46 − 33	44. 36 − 31	45. 40 − 6	46. 41 − 28	47. 41 − 37	48. 62 − 15
49. 34 − 24	50. 63 − 20	51. 34 − 13	52. 67 − 55	53. 33 − 25	54. 59 − 26
55. 50 − 6	56. 57 − 37	57. 53 − 36	58. 34 − 15	59. 50 − 38	60. 64 − 5

1. 41 − 28	2. 39 − 23	3. 54 − 49	4. 48 − 9	5. 37 − 7	6. 52 − 10
7. 50 − 48	8. 59 − 16	9. 41 − 29	10. 39 − 29	11. 66 − 52	12. 42 − 14
13. 43 − 31	14. 30 − 21	15. 60 − 32	16. 54 − 23	17. 61 − 53	18. 68 − 35
19. 30 − 16	20. 36 − 11	21. 39 − 27	22. 37 − 20	23. 47 − 30	24. 33 − 23
25. 65 − 60	26. 31 − 28	27. 48 − 12	28. 32 − 19	29. 42 − 5	30. 37 − 36
31. 64 − 54	32. 41 − 30	33. 46 − 13	34. 69 − 22	35. 36 − 32	36. 48 − 7
37. 47 − 17	38. 52 − 45	39. 61 − 47	40. 52 − 23	41. 58 − 51	42. 46 − 36
43. 65 − 43	44. 61 − 30	45. 35 − 5	46. 38 − 13	47. 43 − 22	48. 43 − 24
49. 31 − 12	50. 40 − 20	51. 55 − 38	52. 58 − 15	53. 45 − 22	54. 58 − 47
55. 67 − 35	56. 38 − 19	57. 44 − 24	58. 33 − 17	59. 40 − 28	60. 42 − 30

Subtraction

Name:
Date: **Time:** **Score:**

Worksheet – Day - 85

#		#		#		#		#		#	
1.	64 − 37	2.	33 − 10	3.	55 − 17	4.	57 − 5	5.	66 − 10	6.	61 − 35
7.	48 − 12	8.	58 − 9	9.	35 − 13	10.	43 − 22	11.	66 − 66	12.	49 − 35
13.	61 − 50	14.	63 − 55	15.	43 − 39	16.	38 − 17	17.	67 − 43	18.	50 − 10
19.	51 − 30	20.	51 − 13	21.	58 − 43	22.	64 − 56	23.	56 − 40	24.	67 − 18
25.	59 − 6	26.	41 − 6	27.	42 − 37	28.	59 − 53	29.	31 − 16	30.	44 − 38
31.	56 − 6	32.	63 − 30	33.	53 − 47	34.	54 − 35	35.	51 − 32	36.	57 − 14
37.	58 − 16	38.	34 − 24	39.	29 − 8	40.	62 − 42	41.	34 − 15	42.	53 − 15
43.	31 − 7	44.	63 − 43	45.	32 − 8	46.	36 − 27	47.	61 − 55	48.	31 − 27
49.	30 − 11	50.	33 − 8	51.	52 − 12	52.	48 − 35	53.	41 − 10	54.	34 − 21
55.	59 − 26	56.	47 − 16	57.	29 − 22	58.	58 − 23	59.	46 − 31	60.	44 − 25

Subtraction

Worksheet – Day - 86

1. 105 − 47	2. 120 − 44	3. 90 − 11	4. 74 − 58	5. 119 − 34	6. 137 − 34
7. 73 − 66	8. 141 − 57	9. 76 − 25	10. 149 − 54	11. 121 − 54	12. 111 − 30
13. 141 − 37	14. 137 − 46	15. 98 − 17	16. 95 − 60	17. 143 − 20	18. 100 − 64
19. 104 − 22	20. 129 − 17	21. 90 − 50	22. 88 − 53	23. 90 − 15	24. 95 − 64
25. 130 − 30	26. 81 − 61	27. 144 − 27	28. 73 − 13	29. 107 − 33	30. 119 − 14
31. 93 − 20	32. 83 − 8	33. 107 − 25	34. 78 − 16	35. 125 − 69	36. 90 − 31
37. 114 − 47	38. 75 − 50	39. 142 − 42	40. 138 − 38	41. 76 − 26	42. 97 − 10
43. 131 − 14	44. 80 − 22	45. 109 − 42	46. 92 − 45	47. 76 − 32	48. 78 − 12
49. 91 − 43	50. 124 − 44	51. 79 − 28	52. 106 − 11	53. 133 − 42	54. 131 − 10
55. 75 − 63	56. 94 − 6	57. 88 − 11	58. 123 − 41	59. 77 − 64	60. 85 − 17

1. 74 − 14	2. 144 − 6	3. 137 − 9	4. 79 − 10	5. 75 − 43	6. 92 − 12
7. 72 − 64	8. 120 − 59	9. 124 − 62	10. 135 − 59	11. 88 − 15	12. 82 − 34
13. 135 − 24	14. 123 − 9	15. 131 − 25	16. 97 − 21	17. 136 − 37	18. 101 − 33
19. 96 − 54	20. 70 − 31	21. 72 − 7	22. 79 − 50	23. 132 − 53	24. 81 − 8
25. 115 − 45	26. 130 − 55	27. 124 − 41	28. 141 − 68	29. 80 − 45	30. 107 − 40
31. 132 − 50	32. 137 − 28	33. 91 − 24	34. 105 − 23	35. 141 − 26	36. 69 − 50
37. 120 − 24	38. 138 − 40	39. 124 − 22	40. 95 − 67	41. 75 − 37	42. 82 − 54
43. 96 − 41	44. 94 − 61	45. 96 − 29	46. 73 − 6	47. 143 − 28	48. 145 − 52
49. 91 − 61	50. 71 − 21	51. 98 − 60	52. 85 − 63	53. 114 − 30	54. 105 − 11
55. 86 − 42	56. 84 − 60	57. 86 − 29	58. 81 − 69	59. 107 − 24	60. 147 − 51

1.	110 - 59	2.	74 - 60	3.	74 - 29	4.	84 - 59	5.	104 - 55	6.	93 - 28
7.	94 - 19	8.	99 - 38	9.	141 - 41	10.	134 - 29	11.	101 - 27	12.	133 - 63
13.	94 - 30	14.	120 - 27	15.	90 - 9	16.	132 - 26	17.	80 - 28	18.	129 - 13
19.	95 - 18	20.	82 - 26	21.	73 - 35	22.	142 - 36	23.	146 - 30	24.	101 - 67
25.	122 - 32	26.	127 - 24	27.	80 - 17	28.	89 - 27	29.	90 - 32	30.	75 - 57
31.	145 - 31	32.	82 - 23	33.	123 - 59	34.	101 - 51	35.	116 - 27	36.	98 - 14
37.	129 - 26	38.	143 - 9	39.	71 - 36	40.	98 - 15	41.	78 - 52	42.	109 - 12
43.	144 - 7	44.	69 - 9	45.	95 - 26	46.	78 - 26	47.	131 - 51	48.	84 - 43
49.	93 - 7	50.	96 - 29	51.	137 - 37	52.	125 - 52	53.	117 - 15	54.	94 - 9
55.	86 - 42	56.	83 - 69	57.	134 - 53	58.	73 - 28	59.	92 - 55	60.	72 - 29

1. 76 − 5	2. 117 − 22	3. 137 − 28	4. 124 − 67	5. 92 − 55	6. 109 − 66
7. 76 − 27	8. 87 − 19	9. 132 − 45	10. 76 − 53	11. 141 − 21	12. 108 − 45
13. 82 − 18	14. 90 − 49	15. 108 − 18	16. 148 − 29	17. 139 − 42	18. 106 − 61
19. 71 − 45	20. 102 − 50	21. 121 − 39	22. 131 − 47	23. 120 − 43	24. 86 − 54
25. 134 − 39	26. 119 − 33	27. 94 − 48	28. 86 − 32	29. 73 − 51	30. 92 − 12
31. 114 − 30	32. 133 − 23	33. 69 − 39	34. 103 − 42	35. 120 − 20	36. 104 − 32
37. 80 − 47	38. 92 − 17	39. 81 − 59	40. 82 − 36	41. 118 − 46	42. 74 − 24
43. 76 − 6	44. 84 − 29	45. 123 − 56	46. 83 − 15	47. 80 − 8	48. 69 − 30
49. 93 − 38	50. 83 − 22	51. 71 − 42	52. 87 − 50	53. 114 − 20	54. 121 − 59
55. 72 − 60	56. 78 − 24	57. 97 − 65	58. 144 − 10	59. 89 − 27	60. 70 − 30

1. 109 − 55	2. 141 − 34	3. 141 − 61	4. 74 − 17	5. 113 − 64	6. 95 − 63
7. 108 − 36	8. 93 − 39	9. 91 − 15	10. 87 − 66	11. 89 − 20	12. 108 − 21
13. 89 − 23	14. 83 − 35	15. 78 − 54	16. 137 − 45	17. 76 − 54	18. 91 − 61
19. 127 − 30	20. 81 − 11	21. 79 − 20	22. 137 − 37	23. 103 − 12	24. 108 − 20
25. 106 − 50	26. 93 − 37	27. 129 − 67	28. 116 − 30	29. 96 − 66	30. 98 − 44
31. 140 − 20	32. 73 − 14	33. 84 − 40	34. 93 − 49	35. 124 − 9	36. 140 − 44
37. 95 − 53	38. 124 − 58	39. 92 − 68	40. 136 − 59	41. 128 − 12	42. 139 − 27
43. 122 − 68	44. 139 − 24	45. 124 − 54	46. 69 − 59	47. 88 − 11	48. 75 − 10
49. 148 − 25	50. 71 − 28	51. 81 − 55	52. 135 − 20	53. 101 − 49	54. 127 − 28
55. 129 − 10	56. 97 − 5	57. 94 − 54	58. 85 − 11	59. 110 − 29	60. 88 − 58

Subtraction

Name:

Date: **Time:**   **Score:**

Worksheet – Day - 91

1. 87 − 29	2. 120 − 31	3. 112 − 54	4. 135 − 69	5. 87 − 10	6. 135 − 43
7. 120 − 7	8. 79 − 21	9. 101 − 60	10. 147 − 37	11. 127 − 28	12. 133 − 67
13. 148 − 17	14. 145 − 50	15. 85 − 13	16. 148 − 63	17. 70 − 37	18. 102 − 20
19. 136 − 21	20. 70 − 30	21. 141 − 23	22. 89 − 15	23. 115 − 64	24. 91 − 52
25. 79 − 36	26. 71 − 58	27. 94 − 7	28. 133 − 65	29. 72 − 37	30. 71 − 66
31. 142 − 66	32. 106 − 10	33. 98 − 59	34. 107 − 48	35. 144 − 23	36. 118 − 51
37. 123 − 46	38. 69 − 17	39. 87 − 16	40. 77 − 43	41. 124 − 20	42. 119 − 61
43. 130 − 17	44. 96 − 12	45. 108 − 49	46. 98 − 55	47. 112 − 51	48. 119 − 43
49. 78 − 60	50. 121 − 39	51. 103 − 51	52. 78 − 47	53. 69 − 37	54. 99 − 54
55. 116 − 41	56. 121 − 60	57. 69 − 45	58. 90 − 6	59. 143 − 11	60. 133 − 11

1. 69 − 16	2. 125 − 59	3. 91 − 60	4. 96 − 67	5. 77 − 21	6. 112 − 9
7. 92 − 60	8. 113 − 32	9. 125 − 29	10. 118 − 32	11. 139 − 27	12. 80 − 68
13. 143 − 58	14. 107 − 50	15. 122 − 11	16. 106 − 33	17. 145 − 45	18. 88 − 62
19. 70 − 52	20. 136 − 69	21. 90 − 29	22. 84 − 13	23. 143 − 61	24. 80 − 30
25. 78 − 45	26. 69 − 57	27. 77 − 30	28. 147 − 34	29. 125 − 16	30. 74 − 28
31. 95 − 13	32. 113 − 35	33. 86 − 67	34. 102 − 20	35. 124 − 40	36. 93 − 26
37. 71 − 6	38. 120 − 35	39. 125 − 52	40. 132 − 67	41. 108 − 51	42. 101 − 38
43. 81 − 6	44. 94 − 34	45. 117 − 19	46. 80 − 34	47. 127 − 50	48. 108 − 11
49. 79 − 33	50. 111 − 53	51. 120 − 63	52. 70 − 61	53. 102 − 36	54. 99 − 32
55. 73 − 20	56. 104 − 9	57. 83 − 14	58. 69 − 12	59. 73 − 69	60. 109 − 49

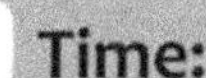

1. 87 − 15	2. 82 − 32	3. 141 − 26	4. 88 − 27	5. 143 − 40	6. 85 − 8
7. 137 − 20	8. 81 − 54	9. 122 − 30	10. 137 − 62	11. 144 − 59	12. 147 − 30
13. 70 − 50	14. 101 − 21	15. 144 − 58	16. 115 − 14	17. 148 − 44	18. 137 − 32
19. 90 − 17	20. 89 − 67	21. 92 − 11	22. 83 − 51	23. 74 − 63	24. 70 − 36
25. 71 − 52	26. 132 − 38	27. 140 − 15	28. 76 − 55	29. 97 − 14	30. 80 − 22
31. 96 − 30	32. 138 − 22	33. 77 − 32	34. 78 − 13	35. 81 − 66	36. 87 − 50
37. 122 − 7	38. 122 − 58	39. 138 − 39	40. 74 − 39	41. 103 − 58	42. 146 − 14
43. 87 − 24	44. 94 − 29	45. 94 − 38	46. 69 − 58	47. 108 − 26	48. 91 − 63
49. 85 − 33	50. 146 − 68	51. 141 − 12	52. 126 − 20	53. 87 − 34	54. 102 − 69
55. 76 − 44	56. 128 − 45	57. 92 − 54	58. 124 − 5	59. 73 − 27	60. 120 − 31

1. 126 − 48	2. 91 − 69	3. 75 − 24	4. 91 − 32	5. 69 − 13	6. 70 − 36
7. 86 − 67	8. 111 − 15	9. 70 − 27	10. 90 − 30	11. 119 − 17	12. 73 − 37
13. 72 − 38	14. 120 − 29	15. 71 − 7	16. 79 − 37	17. 142 − 12	18. 130 − 59
19. 96 − 25	20. 104 − 49	21. 107 − 38	22. 118 − 28	23. 78 − 61	24. 101 − 64
25. 134 − 16	26. 123 − 16	27. 95 − 49	28. 112 − 58	29. 70 − 54	30. 88 − 20
31. 94 − 7	32. 147 − 21	33. 121 − 49	34. 106 − 7	35. 112 − 59	36. 95 − 65
37. 141 − 31	38. 80 − 17	39. 140 − 63	40. 130 − 26	41. 143 − 48	42. 121 − 18
43. 107 − 51	44. 137 − 8	45. 83 − 54	46. 111 − 68	47. 105 − 15	48. 133 − 56
49. 102 − 33	50. 141 − 15	51. 73 − 58	52. 72 − 20	53. 98 − 57	54. 115 − 52
55. 92 − 10	56. 89 − 64	57. 79 − 42	58. 136 − 37	59. 92 − 18	60. 140 − 30

#		#		#		#		#		#	
1.	102 − 25	2.	128 − 44	3.	73 − 29	4.	114 − 22	5.	79 − 57	6.	88 − 63
7.	123 − 30	8.	120 − 37	9.	121 − 32	10.	75 − 26	11.	83 − 15	12.	96 − 21
13.	88 − 18	14.	73 − 39	15.	144 − 8	16.	92 − 31	17.	136 − 14	18.	74 − 28
19.	111 − 45	20.	100 − 14	21.	96 − 66	22.	84 − 57	23.	91 − 33	24.	101 − 68
25.	112 − 26	26.	148 − 38	27.	77 − 47	28.	87 − 34	29.	91 − 24	30.	121 − 47
31.	130 − 45	32.	77 − 20	33.	125 − 30	34.	75 − 6	35.	107 − 52	36.	87 − 65
37.	73 − 21	38.	80 − 53	39.	74 − 24	40.	94 − 55	41.	115 − 25	42.	145 − 31
43.	88 − 66	44.	78 − 35	45.	76 − 8	46.	102 − 35	47.	102 − 13	48.	92 − 24
49.	85 − 21	50.	129 − 12	51.	104 − 47	52.	134 − 63	53.	110 − 19	54.	93 − 66
55.	145 − 58	56.	148 − 13	57.	141 − 14	58.	138 − 56	59.	108 − 39	60.	80 − 31

Subtraction

Name:
Date: **Time:** **Score:**

Worksheet – Day - 96

1. 83 − 8	2. 108 − 19	3. 125 − 39	4. 97 − 59	5. 81 − 22	6. 80 − 60
7. 87 − 39	8. 74 − 53	9. 105 − 24	10. 147 − 40	11. 90 − 59	12. 108 − 25
13. 107 − 53	14. 148 − 35	15. 128 − 62	16. 86 − 30	17. 124 − 55	18. 127 − 53
19. 101 − 24	20. 95 − 9	21. 146 − 41	22. 137 − 21	23. 122 − 20	24. 113 − 20
25. 94 − 46	26. 85 − 43	27. 133 − 40	28. 116 − 34	29. 134 − 15	30. 97 − 14
31. 87 − 21	32. 135 − 7	33. 129 − 57	34. 115 − 13	35. 87 − 20	36. 128 − 50
37. 93 − 36	38. 122 − 19	39. 100 − 45	40. 76 − 9	41. 96 − 37	42. 97 − 47
43. 120 − 14	44. 108 − 66	45. 111 − 28	46. 92 − 53	47. 76 − 13	48. 98 − 14
49. 116 − 15	50. 75 − 50	51. 93 − 29	52. 126 − 30	53. 103 − 47	54. 127 − 16
55. 125 − 46	56. 145 − 19	57. 105 − 20	58. 143 − 5	59. 132 − 64	60. 82 − 44

1. 98 − 19	2. 75 − 29	3. 102 − 49	4. 138 − 50	5. 88 − 48	6. 144 − 36
7. 106 − 31	8. 109 − 10	9. 85 − 64	10. 93 − 62	11. 77 − 46	12. 71 − 44
13. 106 − 24	14. 98 − 61	15. 143 − 25	16. 138 − 20	17. 69 − 53	18. 95 − 24
19. 86 − 54	20. 98 − 47	21. 75 − 20	22. 125 − 38	23. 71 − 42	24. 98 − 54
25. 76 − 16	26. 119 − 25	27. 145 − 53	28. 101 − 56	29. 69 − 31	30. 94 − 38
31. 141 − 15	32. 140 − 53	33. 137 − 29	34. 124 − 52	35. 113 − 7	36. 114 − 45
37. 89 − 16	38. 80 − 8	39. 137 − 17	40. 89 − 37	41. 91 − 20	42. 76 − 14
43. 126 − 32	44. 96 − 46	45. 147 − 33	46. 70 − 53	47. 107 − 52	48. 110 − 15
49. 81 − 35	50. 91 − 8	51. 110 − 11	52. 133 − 53	53. 129 − 8	54. 118 − 53
55. 91 − 55	56. 124 − 31	57. 144 − 52	58. 89 − 38	59. 116 − 39	60. 91 − 58

1. 125 − 56	2. 95 − 49	3. 104 − 23	4. 125 − 33	5. 143 − 55	6. 129 − 36
7. 93 − 63	8. 84 − 59	9. 73 − 40	10. 106 − 27	11. 82 − 61	12. 76 − 60
13. 140 − 61	14. 99 − 32	15. 96 − 29	16. 91 − 55	17. 138 − 52	18. 90 − 64
19. 130 − 6	20. 103 − 51	21. 98 − 66	22. 123 − 10	23. 123 − 47	24. 102 − 55
25. 115 − 57	26. 97 − 43	27. 70 − 31	28. 141 − 27	29. 108 − 52	30. 115 − 45
31. 148 − 53	32. 97 − 6	33. 75 − 33	34. 91 − 22	35. 94 − 51	36. 122 − 30
37. 82 − 48	38. 84 − 7	39. 80 − 14	40. 115 − 24	41. 87 − 15	42. 71 − 9
43. 83 − 28	44. 100 − 52	45. 74 − 24	46. 89 − 6	47. 133 − 51	48. 94 − 60
49. 120 − 37	50. 141 − 42	51. 142 − 61	52. 97 − 12	53. 72 − 52	54. 145 − 68
55. 78 − 33	56. 114 − 25	57. 109 − 50	58. 98 − 47	59. 149 − 54	60. 71 − 47

Worksheet – Day - 99

#	Problem	#	Problem	#	Problem
1.	115 − 45	2.	146 − 14	3.	100 − 20
4.	70 − 42	5.	98 − 53	6.	115 − 41
7.	70 − 14	8.	99 − 47	9.	136 − 62
10.	86 − 66	11.	93 − 5	12.	72 − 43
13.	77 − 27	14.	71 − 23	15.	85 − 13
16.	95 − 6	17.	141 − 49	18.	95 − 9
19.	118 − 25	20.	144 − 18	21.	88 − 33
22.	94 − 21	23.	110 − 59	24.	80 − 8
25.	73 − 66	26.	106 − 34	27.	116 − 51
28.	73 − 64	29.	127 − 52	30.	81 − 29
31.	70 − 33	32.	139 − 49	33.	128 − 47
34.	91 − 35	35.	100 − 52	36.	89 − 22
37.	122 − 15	38.	81 − 23	39.	101 − 50
40.	88 − 47	41.	95 − 68	42.	103 − 10
43.	101 − 26	44.	131 − 17	45.	90 − 43
46.	87 − 14	47.	94 − 61	48.	82 − 65
49.	94 − 47	50.	72 − 54	51.	128 − 65
52.	71 − 61	53.	98 − 65	54.	129 − 47
55.	105 − 57	56.	105 − 50	57.	123 − 32
58.	106 − 56	59.	131 − 34	60.	83 − 20

Subtraction

Worksheet – Day - 100

1. 80 − 63	2. 138 − 9	3. 76 − 45	4. 137 − 46	5. 85 − 21	6. 85 − 25
7. 76 − 52	8. 122 − 46	9. 82 − 33	10. 76 − 33	11. 82 − 38	12. 111 − 20
13. 118 − 26	14. 136 − 61	15. 98 − 50	16. 118 − 43	17. 127 − 10	18. 96 − 19
19. 122 − 62	20. 76 − 27	21. 105 − 68	22. 78 − 25	23. 84 − 24	24. 83 − 17
25. 119 − 38	26. 143 − 36	27. 128 − 8	28. 129 − 49	29. 77 − 39	30. 75 − 55
31. 84 − 14	32. 105 − 45	33. 144 − 48	34. 89 − 62	35. 85 − 10	36. 107 − 38
37. 132 − 41	38. 79 − 47	39. 92 − 37	40. 93 − 7	41. 139 − 23	42. 133 − 68
43. 69 − 23	44. 147 − 68	45. 127 − 63	46. 86 − 9	47. 123 − 13	48. 87 − 41
49. 97 − 15	50. 90 − 26	51. 87 − 11	52. 130 − 60	53. 137 − 60	54. 94 − 14
55. 93 − 49	56. 130 − 55	57. 106 − 19	58. 89 − 27	59. 138 − 17	60. 115 − 53

ANSWERS

Day 1

1. 0 2. 0 3. 0 4. 0 5. 0 6. 0 7. 0 8. 0 9. 0 10. 0 11. 0 12. 0 13. 0 14. 0 15. 0
16. 0 17. 0 18. 0 19. 0 20. 0 21. 0 22. 0 23. 0 24. 0 25. 0 26. 0 27. 0 28. 0 29. 0 30. 0
31. 0 32. 0 33. 0 34. 0 35. 0 36. 0 37. 0 38. 0 39. 0 40. 0 41. 0 42. 0 43. 0 44. 0 45. 0
46. 0 47. 0 48. 0 49. 0 50. 0 51. 0 52. 0 53. 0 54. 0 55. 0 56. 0 57. 0 58. 0 59. 0 60. 0

Day 2

1. 1 2. 1 3. 1 4. 1 5. 1 6. 1 7. 1 8. 1 9. 1 10. 1 11. 1 12. 1 13. 1 14. 1 15. 1
16. 1 17. 1 18. 1 19. 1 20. 1 21. 1 22. 1 23. 1 24. 1 25. 1 26. 1 27. 1 28. 1 29. 1 30. 1
31. 1 32. 1 33. 1 34. 1 35. 1 36. 1 37. 1 38. 1 39. 1 40. 1 41. 1 42. 1 43. 1 44. 1 45. 1
46. 1 47. 1 48. 1 49. 1 50. 1 51. 1 52. 1 53. 1 54. 1 55. 1 56. 1 57. 1 58. 1 59. 1 60. 1

Day 3

1. 2 2. 2 3. 2 4. 2 5. 2 6. 2 7. 2 8. 2 9. 2 10. 2 11. 2 12. 2 13. 2 14. 2 15. 2
16. 2 17. 2 18. 2 19. 2 20. 2 21. 2 22. 2 23. 2 24. 2 25. 2 26. 2 27. 2 28. 2 29. 2 30. 2
31. 2 32. 2 33. 2 34. 2 35. 2 36. 2 37. 2 38. 2 39. 2 40. 2 41. 2 42. 2 43. 2 44. 2 45. 2
46. 2 47. 2 48. 2 49. 2 50. 2 51. 2 52. 2 53. 2 54. 2 55. 2 56. 2 57. 2 58. 2 59. 2 60. 2

Day 4

1. 3 2. 3 3. 3 4. 3 5. 3 6. 3 7. 3 8. 3 9. 3 10. 3 11. 3 12. 3 13. 3 14. 3 15. 3
16. 3 17. 3 18. 3 19. 3 20. 3 21. 3 22. 3 23. 3 24. 3 25. 3 26. 3 27. 3 28. 3 29. 3 30. 3
31. 3 32. 3 33. 3 34. 3 35. 3 36. 3 37. 3 38. 3 39. 3 40. 3 41. 3 42. 3 43. 3 44. 3 45. 3
46. 3 47. 3 48. 3 49. 3 50. 3 51. 3 52. 3 53. 3 54. 3 55. 3 56. 3 57. 3 58. 3 59. 3 60. 3

Day 5

1. 4 2. 4 3. 4 4. 4 5. 4 6. 4 7. 4 8. 4 9. 4 10. 4 11. 4 12. 4 13. 4 14. 4 15. 4
16. 4 17. 4 18. 4 19. 4 20. 4 21. 4 22. 4 23. 4 24. 4 25. 4 26. 4 27. 4 28. 4 29. 4 30. 4
31. 4 32. 4 33. 4 34. 4 35. 4 36. 4 37. 4 38. 4 39. 4 40. 4 41. 4 42. 4 43. 4 44. 4 45. 4
46. 4 47. 4 48. 4 49. 4 50. 4 51. 4 52. 4 53. 4 54. 4 55. 4 56. 4 57. 4 58. 4 59. 4 60. 4

Day 6

1. 5 2. 5 3. 5 4. 5 5. 5 6. 5 7. 5 8. 5 9. 5 10. 5 11. 5 12. 5 13. 5 14. 5 15. 5
16. 5 17. 5 18. 5 19. 5 20. 5 21. 5 22. 5 23. 5 24. 5 25. 5 26. 5 27. 5 28. 5 29. 5 30. 5
31. 5 32. 5 33. 5 34. 5 35. 5 36. 5 37. 5 38. 5 39. 5 40. 5 41. 5 42. 5 43. 5 44. 5 45. 5
46. 5 47. 5 48. 5 49. 5 50. 5 51. 5 52. 5 53. 5 54. 5 55. 5 56. 5 57. 5 58. 5 59. 5 60. 5

Day 7

1. 6 2. 6 3. 6 4. 6 5. 6 6. 6 7. 6 8. 6 9. 6 10. 6 11. 6 12. 6 13. 6 14. 6 15. 6
16. 6 17. 6 18. 6 19. 6 20. 6 21. 6 22. 6 23. 6 24. 6 25. 6 26. 6 27. 6 28. 6 29. 6 30. 6
31. 6 32. 6 33. 6 34. 6 35. 6 36. 6 37. 6 38. 6 39. 6 40. 6 41. 2 42. 6 43. 6 44. 6 45. 4
46. 6 47. 6 48. 6 49. 2 50. 6 51. 6 52. 6 53. 6 54. 6 55. 6 56. 6 57. 6 58. 6 59. 6 60. 4

Day 8

1. 7 2. 7 3. 7 4. 7 5. 7 6. 7 7. 7 8. 7 9. 7 10. 7 11. 7 12. 7 13. 7 14. 7 15. 7
16. 7 17. 7 18. 7 19. 7 20. 7 21. 7 22. 7 23. 7 24. 7 25. 7 26. 7 27. 7 28. 7 29. 7 30. 7
31. 7 32. 7 33. 7 34. 7 35. 7 36. 7 37. 7 38. 7 39. 2 40. 7 41. 7 42. 7 43. 7 44. 7 45. 2
46. 7 47. 7 48. 7 49. 2 50. 6 51. 7 52. 7 53. 3 54. 3 55. 2 56. 7 57. 7 58. 6 59. 3 60. 6

Day 9

1. 8 2. 8 3. 8 4. 8 5. 8 6. 8 7. 8 8. 8 9. 8 10. 8 11. 8 12. 8 13. 8 14. 8 15. 8
16. 8 17. 8 18. 8 19. 8 20. 8 21. 8 22. 8 23. 8 24. 8 25. 8 26. 8 27. 8 28. 8 29. 8 30. 8
31. 8 32. 8 33. 8 34. 8 35. 8 36. 8 37. 8 38. 8 39. 8 40. 8 41. 8 42. 8 43. 8 44. 2 45. 5
46. 8 47. 5 48. 4 49. 8 50. 3 51. 2 52. 3 53. 7 54. 3 55. 8 56. 8 57. 6 58. 1 59. 8 60. 0

Day 10

1. 9 2. 9 3. 9 4. 9 5. 9 6. 9 7. 9 8. 9 9. 9 10. 9 11. 9 12. 9 13. 9 14. 9 15. 9
16. 9 17. 9 18. 9 19. 9 20. 9 21. 9 22. 9 23. 9 24. 9 25. 9 26. 9 27. 9 28. 9 29. 9 30. 9
31. 9 32. 9 33. 9 34. 9 35. 9 36. 9 37. 9 38. 9 39. 9 40. 9 41. 9 42. 1 43. 4 44. 0 45. 7
46. 5 47. 4 48. 2 49. 8 50. 2 51. 2 52. 8 53. 4 54. 8 55. 6 56. 3 57. 6 58. 2 59. 3 60. 8

Day 11

1. 4 2. 3 3. 3 4. 3 5. 4 6. 4 7. 5 8. 4 9. 3 10. 3 11. 3 12. 4 13. 5 14. 3 15. 3
16. 4 17. 3 18. 5 19. 3 20. 4 21. 5 22. 4 23. 5 24. 3 25. 3 26. 4 27. 3 28. 4 29. 5 30. 3
31. 4 32. 4 33. 5 34. 4 35. 3 36. 4 37. 4 38. 5 39. 4 40. 4 41. 3 42. 5 43. 4 44. 3 45. 4
46. 4 47. 4 48. 3 49. 5 50. 4 51. 3 52. 5 53. 4 54. 4 55. 3 56. 3 57. 4 58. 5 59. 3 60. 4

Day 12

1. 3 2. 4 3. 3 4. 5 5. 4 6. 3 7. 3 8. 3 9. 3 10. 5 11. 4 12. 4 13. 4 14. 4 15. 3
16. 4 17. 3 18. 4 19. 3 20. 3 21. 3 22. 5 23. 4 24. 3 25. 3 26. 3 27. 3 28. 4 29. 4 30. 5
31. 5 32. 3 33. 3 34. 5 35. 3 36. 4 37. 4 38. 3 39. 4 40. 4 41. 3 42. 3 43. 4 44. 3 45. 4
46. 3 47. 3 48. 4 49. 4 50. 3 51. 4 52. 5 53. 4 54. 3 55. 3 56. 3 57. 4 58. 3 59. 3 60. 5

Day 13

1. 1 2. 8 3. 4 4. 7 5. 2 6. 4 7. 1 8. 1 9. 1 10. 4 11. 5 12. 7 13. 3 14. 2 15. 2
16. 9 17. 8 18. 1 19. 3 20. 3 21. 5 22. 3 23. 1 24. 4 25. 9 26. 6 27. 3 28. 7 29. 8 30. 5
31. 3 32. 3 33. 4 34. 4 35. 8 36. 3 37. 1 38. 7 39. 6 40. 2 41. 6 42. 8 43. 6 44. 5 45. 6
46. 4 47. 6 48. 5 49. 2 50. 2 51. 2 52. 2 53. 6 54. 4 55. 6 56. 4 57. 5 58. 3 59. 1 60. 5

Day 14

1. 1 2. 2 3. 1 4. 5 5. 1 6. 4 7. 3 8. 7 9. 4 10. 2 11. 3 12. 4 13. 5 14. 7 15. 2
16. 1 17. 3 18. 1 19. 1 20. 3 21. 4 22. 2 23. 5 24. 2 25. 2 26. 3 27. 8 28. 6 29. 2 30. 4
31. 2 32. 1 33. 4 34. 4 35. 6 36. 7 37. 7 38. 2 39. 4 40. 5 41. 6 42. 3 43. 3 44. 3 45. 8
46. 7 47. 1 48. 3 49. 5 50. 1 51. 3 52. 6 53. 9 54. 1 55. 1 56. 8 57. 5 58. 2 59. 2 60. 7

Day 15

1. 4 2. 1 3. 8 4. 8 5. 1 6. 8 7. 6 8. 4 9. 6 10. 1 11. 6 12. 2 13. 3 14. 2 15. 1
16. 2 17. 4 18. 3 19. 1 20. 4 21. 1 22. 1 23. 2 24. 2 25. 6 26. 3 27. 5 28. 9 29. 7 30. 7
31. 4 32. 3 33. 2 34. 1 35. 8 36. 7 37. 3 38. 1 39. 3 40. 6 41. 3 42. 3 43. 5 44. 8 45. 7
46. 5 47. 2 48. 7 49. 8 50. 5 51. 2 52. 5 53. 6 54. 2 55. 2 56. 5 57. 1 58. 1 59. 3 60. 3

Day 16

1. 1 2. 8 3. 1 4. 3 5. 2 6. 1 7. 2 8. 4 9. 2 10. 5 11. 7 12. 4 13. 1 14. 2 15. 1
16. 3 17. 2 18. 3 19. 1 20. 7 21. 6 22. 1 23. 4 24. 3 25. 2 26. 5 27. 2 28. 6 29. 2 30. 4
31. 1 32. 4 33. 8 34. 8 35. 8 36. 4 37. 7 38. 3 39. 9 40. 5 41. 4 42. 1 43. 6 44. 4 45. 3
46. 8 47. 1 48. 7 49. 3 50. 1 51. 6 52. 8 53. 1 54. 5 55. 5 56. 1 57. 6 58. 4 59. 4 60. 4

Day 17

1.6 2.7 3.7 4.3 5.1 6.1 7.3 8.8 9.7 10.5 11.4 12.2 13.5 14.1 15.1
16.8 17.5 18.1 19.2 20.1 21.2 22.4 23.9 24.5 25.1 26.3 27.1 28.1 29.8 30.5
31.4 32.4 33.6 34.1 35.6 36.1 37.3 38.8 39.2 40.2 41.5 42.4 43.3 44.2 45.9
46.1 47.7 48.2 49.5 50.6 51.4 52.6 53.6 54.6 55.2 56.1 57.3 58.4 59.5 60.7

Day 18

1.2 2.2 3.7 4.2 5.4 6.1 7.1 8.1 9.1 10.3 11.6 12.4 13.3 14.8 15.4
16.4 17.4 18.2 19.3 20.1 21.1 22.3 23.1 24.5 25.1 26.7 27.5 28.9 29.9 30.8
31.2 32.8 33.5 34.8 35.6 36.4 37.2 38.1 39.6 40.3 41.5 42.3 43.3 44.1 45.2
46.8 47.3 48.6 49.6 50.2 51.2 52.7 53.6 54.3 55.1 56.3 57.8 58.3 59.5 60.1

Day 19

1.3 2.5 3.2 4.1 5.5 6.2 7.8 8.1 9.1 10.5 11.1 12.5 13.2 14.1 15.4
16.6 17.3 18.3 19.2 20.5 21.1 22.2 23.3 24.2 25.3 26.7 27.6 28.7 29.1 30.8
31.4 32.2 33.4 34.4 35.8 36.4 37.3 38.1 39.8 40.3 41.4 42.1 43.5 44.5 45.9
46.1 47.2 48.3 49.9 50.2 51.7 52.1 53.6 54.7 55.9 56.1 57.6 58.2 59.1 60.7

Day 20

1.4 2.5 3.4 4.6 5.3 6.7 7.2 8.2 9.3 10.6 11.8 12.2 13.6 14.5 15.2
16.1 17.3 18.7 19.1 20.7 21.9 22.6 23.1 24.8 25.5 26.1 27.8 28.2 29.9 30.9
31.6 32.4 33.5 34.3 35.1 36.2 37.1 38.4 39.5 40.3 41.8 42.5 43.5 44.7 45.2
46.3 47.7 48.4 49.1 50.2 51.2 52.8 53.6 54.6 55.3 56.2 57.4 58.3 59.5 60.2

Day 21

1.5 2.1 3.4 4.2 5.5 6.2 7.3 8.1 9.2 10.6 11.2 12.1 13.8 14.2 15.1
16.8 17.1 18.1 19.3 20.4 21.1 22.1 23.7 24.5 25.1 26.7 27.3 28.1 29.3 30.2
31.7 32.9 33.4 34.3 35.6 36.7 37.9 38.3 39.3 40.7 41.9 42.2 43.9 44.5 45.3
46.6 47.7 48.2 49.8 50.5 51.4 52.1 53.4 54.5 55.8 56.3 57.2 58.2 59.6 60.5

Day 22

1.3 2.5 3.3 4.1 5.4 6.4 7.1 8.1 9.5 10.4 11.5 12.8 13.6 14.4 15.3
16.3 17.2 18.5 19.3 20.1 21.8 22.2 23.8 24.6 25.3 26.3 27.4 28.9 29.2 30.6
31.4 32.1 33.8 34.1 35.2 36.3 37.3 38.1 39.5 40.4 41.2 42.2 43.1 44.4 45.1
46.2 47.5 48.2 49.7 50.1 51.5 52.2 53.3 54.2 55.6 56.2 57.7 58.4 59.7 60.4

Day 23

1.2 2.2 3.2 4.3 5.1 6.7 7.1 8.1 9.3 10.3 11.1 12.2 13.5 14.4 15.4
16.1 17.2 18.1 19.1 20.5 21.4 22.1 23.4 24.5 25.6 26.6 27.3 28.3 29.5 30.3
31.2 32.7 33.9 34.2 35.5 36.2 37.1 38.8 39.1 40.6 41.1 42.8 43.2 44.1 45.4
46.3 47.8 48.8 49.2 50.3 51.3 52.4 53.6 54.1 55.4 56.4 57.7 58.5 59.6 60.4

Day 24

1.6 2.6 3.2 4.8 5.1 6.6 7.3 8.3 9.3 10.1 11.1 12.5 13.8 14.1 15.3
16.2 17.3 18.4 19.2 20.2 21.8 22.5 23.1 24.3 25.6 26.2 27.3 28.5 29.3 30.5
31.1 32.6 33.2 34.4 35.3 36.1 37.2 38.7 39.5 40.3 41.1 42.7 43.5 44.2 45.3
46.9 47.4 48.7 49.5 50.8 51.3 52.6 53.1 54.4 55.6 56.9 57.4 58.4 59.8 60.6

Day 25

1.8 2.3 3.6 4.1 5.1 6.3 7.1 8.1 9.2 10.7 11.3 12.4 13.2 14.2 15.5
16.5 17.7 18.3 19.1 20.2 21.5 22.2 23.1 24.2 25.5 26.2 27.2 28.3 29.7 30.1
31.3 32.6 33.8 34.2 35.7 36.3 37.4 38.1 39.2 40.6 41.3 42.6 43.5 44.3 45.4
46.3 47.4 48.1 49.1 50.4 51.4 52.2 53.8 54.5 55.4 56.7 57.3 58.2 59.9 60.1

Day 26

1.7 2.3 3.1 4.5 5.2 6.6 7.5 8.1 9.8 10.6 11.1 12.2 13.3 14.4 15.4
16.6 17.1 18.9 19.1 20.6 21.7 22.5 23.5 24.3 25.1 26.2 27.1 28.7 29.1 30.2
31.2 32.8 33.2 34.3 35.9 36.7 37.4 38.2 39.3 40.1 41.5 42.6 43.1 44.6 45.4
46.4 47.4 48.5 49.1 50.2 51.2 52.7 53.7 54.3 55.3 56.8 57.3 58.2 59.4 60.5

Day 27

1.1 2.1 3.2 4.5 5.4 6.2 7.5 8.6 9.1 10.5 11.3 12.5 13.8 14.3 15.1
16.1 17.3 18.4 19.6 20.9 21.7 22.8 23.6 24.3 25.6 26.4 27.1 28.3 29.2 30.6
31.9 32.2 33.1 34.2 35.2 36.2 37.9 38.9 39.3 40.6 41.2 42.1 43.3 44.2 45.4
46.5 47.4 48.8 49.3 50.1 51.2 52.5 53.1 54.6 55.4 56.5 57.4 58.3 59.6 60.7

Day 28

1.3 2.4 3.4 4.2 5.6 6.3 7.2 8.2 9.7 10.2 11.2 12.2 13.7 14.2 15.4
16.3 17.1 18.2 19.7 20.2 21.3 22.1 23.1 24.4 25.4 26.3 27.5 28.5 29.1 30.9
31.6 32.6 33.5 34.6 35.3 36.1 37.1 38.1 39.1 40.5 41.6 42.1 43.5 44.8 45.4
46.5 47.3 48.2 49.5 50.8 51.6 52.4 53.8 54.2 55.3 56.2 57.4 58.7 59.1 60.3

Day 29

1.3 2.3 3.1 4.5 5.1 6.5 7.6 8.2 9.1 10.1 11.6 12.3 13.5 14.1 15.3
16.7 17.6 18.4 19.4 20.1 21.3 22.7 23.7 24.9 25.5 26.1 27.4 28.2 29.8 30.2
31.1 32.5 33.4 34.6 35.2 36.2 37.2 38.7 39.2 40.3 41.4 42.1 43.4 44.1 45.5
46.4 47.8 48.6 49.8 50.8 51.2 52.3 53.4 54.2 55.3 56.9 57.5 58.3 59.4 60.8

Day 30

1.8 2.4 3.4 4.5 5.3 6.1 7.1 8.7 9.2 10.8 11.2 12.9 13.1 14.7 15.6
16.4 17.1 18.1 19.1 20.1 21.2 22.5 23.2 24.1 25.2 26.2 27.3 28.9 29.6 30.6
31.3 32.5 33.3 34.8 35.3 36.6 37.8 38.5 39.1 40.2 41.2 42.1 43.1 44.4 45.6
46.4 47.2 48.4 49.3 50.3 51.5 52.7 53.1 54.1 55.6 56.7 57.2 58.3 59.6 60.5

Day 31

1.2 2.7 3.4 4.9 5.2 6.4 7.5 8.8 9.2 10.5 11.8 12.2 13.6 14.7 15.3
16.8 17.3 18.3 19.4 20.5 21.5 22.9 23.5 24.6 25.3 26.2 27.4 28.1 29.6 30.4
31.1 32.3 33.5 34.4 35.3 36.3 37.8 38.8 39.5 40.5 41.1 42.5 43.8 44.5 45.3
46.4 47.8 48.2 49.6 50.5 51.6 52.9 53.7 54.7 55.3 56.4 57.4 58.3 59.7 60.6

Day 32

1.5 2.2 3.1 4.3 5.4 6.2 7.2 8.7 9.6 10.5 11.2 12.4 13.1 14.4 15.8
16.3 17.8 18.4 19.8 20.9 21.5 22.5 23.7 24.6 25.8 26.4 27.6 28.5 29.7 30.2
31.7 32.3 33.8 34.4 35.3 36.6 37.6 38.9 39.3 40.8 41.1 42.4 43.7 44.1 45.6
46.1 47.6 48.6 49.7 50.4 51.3 52.6 53.1 54.4 55.1 56.2 57.4 58.6 59.1 60.7

Day 33
1.8 2.4 3.7 4.5 5.6 6.2 7.6 8.3 9.3 10.4 11.7 12.2 13.8 14.2 15.6
16.5 17.2 18.1 19.2 20.5 21.1 22.5 23.7 24.5 25.6 26.9 27.2 28.7 29.3 30.6
31.3 32.5 33.1 34.2 35.1 36.3 37.9 38.4 39.2 40.5 41.8 42.9 43.1 44.6 45.1
46.2 47.7 48.4 49.5 50.4 51.8 52.1 53.8 54.8 55.1 56.2 57.7 58.6 59.2 60.6

Day 34
1.4 2.5 3.8 4.7 5.2 6.3 7.3 8.8 9.7 10.4 11.7 12.7 13.8 14.5 15.6
16.6 17.1 18.2 19.2 20.9 21.2 22.6 23.6 24.4 25.4 26.4 27.3 28.2 29.8 30.1
31.1 32.3 33.7 34.2 35.4 36.5 37.6 38.8 39.4 40.6 41.4 42.4 43.2 44.3 45.4
46.5 47.1 48.7 49.4 50.4 51.4 52.7 53.1 54.1 55.2 56.4 57.3 58.3 59.6 60.7

Day 35
1.5 2.2 3.8 4.3 5.3 6.7 7.7 8.6 9.1 10.3 11.3 12.5 13.1 14.6 15.1
16.5 17.9 18.6 19.6 20.6 21.5 22.8 23.4 24.9 25.8 26.7 27.3 28.3 29.8 30.8
31.2 32.6 33.8 34.2 35.6 36.6 37.6 38.4 39.3 40.1 41.3 42.8 43.4 44.9 45.3
46.4 47.2 48.2 49.1 50.9 51.2 52.6 53.2 54.3 55.7 56.5 57.7 58.3 59.6 60.8

Day 36
1.1 2.2 3.5 4.4 5.8 6.3 7.3 8.1 9.4 10.1 11.2 12.2 13.7 14.5 15.2
16.2 17.7 18.8 19.5 20.4 21.5 22.5 23.2 24.9 25.7 26.1 27.7 28.7 29.7 30.1
31.1 32.4 33.1 34.5 35.8 36.6 37.8 38.2 39.4 40.2 41.5 42.3 43.3 44.6 45.1
46.6 47.6 48.8 49.7 50.6 51.8 52.4 53.2 54.5 55.9 56.6 57.6 58.9 59.4 60.2

Day 37
1.3 2.8 3.6 4.7 5.6 6.6 7.5 8.1 9.8 10.5 11.3 12.4 13.9 14.7 15.5
16.6 17.1 18.9 19.4 20.2 21.1 22.3 23.4 24.2 25.4 26.6 27.6 28.1 29.6 30.4
31.1 32.1 33.8 34.7 35.1 36.4 37.2 38.4 39.3 40.6 41.3 42.2 43.3 44.5 45.1
46.2 47.8 48.4 49.4 50.4 51.1 52.8 53.6 54.3 55.4 56.6 57.1 58.9 59.7 60.4

Day 38
1.5 2.3 3.2 4.7 5.8 6.2 7.4 8.2 9.3 10.1 11.4 12.3 13.3 14.6 15.9
16.5 17.7 18.5 19.4 20.1 21.8 22.6 23.8 24.8 25.5 26.7 27.3 28.5 29.7 30.6
31.7 32.5 33.5 34.2 35.7 36.4 37.5 38.7 39.3 40.6 41.4 42.8 43.4 44.1 45.2
46.7 47.7 48.5 49.6 50.2 51.3 52.7 53.4 54.1 55.5 56.2 57.6 58.1 59.2 60.4

Day 39
1.2 2.1 3.8 4.6 5.6 6.7 7.3 8.2 9.1 10.5 11.2 12.3 13.5 14.6 15.6
16.1 17.2 18.3 19.1 20.4 21.2 22.8 23.7 24.2 25.5 26.2 27.1 28.6 29.7 30.3
31.8 32.1 33.2 34.7 35.5 36.3 37.7 38.2 39.8 40.8 41.1 42.7 43.3 44.7 45.5
46.1 47.2 48.9 49.9 50.8 51.2 52.5 53.6 54.1 55.2 56.3 57.5 58.5 59.6 60.3

Day 40
1.7 2.6 3.2 4.4 5.3 6.8 7.9 8.7 9.3 10.6 11.4 12.1 13.4 14.2 15.5
16.4 17.7 18.2 19.2 20.9 21.6 22.2 23.3 24.2 25.3 26.8 27.1 28.6 29.8 30.5
31.1 32.9 33.8 34.6 35.3 36.1 37.3 38.7 39.1 40.3 41.6 42.6 43.8 44.5 45.2
46.6 47.8 48.4 49.1 50.3 51.4 52.5 53.6 54.1 55.3 56.6 57.6 58.9 59.6 60.8

Day 41
1.2 2.2 3.6 4.7 5.9 6.2 7.2 8.4 9.3 10.3 11.3 12.8 13.3 14.2 15.6
16.5 17.3 18.1 19.3 20.5 21.4 22.6 23.6 24.1 25.9 26.5 27.3 28.2 29.9 30.2
31.5 32.1 33.7 34.1 35.8 36.8 37.2 38.2 39.4 40.4 41.8 42.8 43.6 44.3 45.8
46.4 47.8 48.4 49.5 50.9 51.6 52.5 53.3 54.2 55.4 56.2 57.5 58.5 59.7 60.6

Day 42
1.3 2.5 3.1 4.2 5.5 6.6 7.3 8.5 9.8 10.6 11.4 12.2 13.5 14.9 15.3
16.1 17.5 18.2 19.1 20.3 21.4 22.3 23.8 24.5 25.8 26.7 27.6 28.8 29.2 30.7
31.2 32.2 33.7 34.9 35.7 36.8 37.4 38.1 39.8 40.1 41.6 42.3 43.3 44.3 45.2
46.8 47.5 48.4 49.5 50.5 51.6 52.2 53.7 54.4 55.6 56.4 57.7 58.7 59.8 60.4

Day 43
1.3 2.6 3.4 4.5 5.2 6.9 7.6 8.6 9.8 10.5 11.6 12.7 13.9 14.4 15.2
16.3 17.2 18.7 19.8 20.4 21.3 22.8 23.5 24.3 25.1 26.6 27.7 28.3 29.4 30.7
31.7 32.4 33.2 34.2 35.6 36.5 37.9 38.7 39.7 40.7 41.1 42.7 43.1 44.2 45.2
46.5 47.5 48.8 49.2 50.3 51.5 52.7 53.9 54.1 55.3 56.4 57.8 58.8 59.5 60.4

Day 44
1.4 2.6 3.9 4.4 5.8 6.3 7.2 8.2 9.7 10.9 11.5 12.6 13.1 14.2 15.1
16.5 17.2 18.8 19.9 20.3 21.1 22.4 23.7 24.1 25.1 26.2 27.2 28.4 29.6 30.7
31.5 32.7 33.3 34.1 35.5 36.5 37.4 38.8 39.2 40.4 41.5 42.2 43.2 44.4 45.7
46.7 47.1 48.8 49.1 50.8 51.1 52.5 53.4 54.4 55.2 56.2 57.2 58.2 59.6 60.4

Day 45
1.3 2.5 3.3 4.2 5.7 6.4 7.2 8.8 9.1 10.4 11.4 12.1 13.2 14.5 15.6
16.4 17.2 18.4 19.8 20.6 21.4 22.5 23.6 24.1 25.2 26.4 27.6 28.1 29.7 30.8
31.3 32.5 33.8 34.1 35.6 36.3 37.8 38.4 39.5 40.7 41.2 42.5 43.6 44.2 45.8
46.5 47.8 48.5 49.3 50.1 51.1 52.6 53.3 54.5 55.5 56.5 57.1 58.3 59.4 60.5

Day 46
1.8 2.3 3.7 4.9 5.8 6.8 7.3 8.1 9.2 10.3 11.3 12.5 13.4 14.6 15.6
16.3 17.2 18.3 19.2 20.7 21.4 22.4 23.7 24.4 25.9 26.2 27.5 28.5 29.5 30.1
31.8 32.1 33.6 34.9 35.8 36.1 37.8 38.4 39.2 40.4 41.6 42.3 43.5 44.5 45.1
46.2 47.3 48.1 49.5 50.4 51.1 52.5 53.8 54.5 55.9 56.6 57.4 58.5 59.4 60.6

Day 47
1.3 2.3 3.5 4.3 5.1 6.8 7.5 8.3 9.1 10.3 11.5 12.5 13.7 14.6 15.6
16.6 17.3 18.6 19.6 20.7 21.2 22.9 23.5 24.2 25.5 26.4 27.8 28.9 29.2 30.5
31.4 32.2 33.3 34.7 35.3 36.2 37.4 38.1 39.4 40.4 41.8 42.9 43.2 44.6 45.9
46.7 47.6 48.4 49.5 50.7 51.4 52.8 53.1 54.4 55.4 56.7 57.2 58.8 59.8 60.7

Day 48
1.8 2.3 3.2 4.7 5.5 6.6 7.6 8.2 9.8 10.8 11.7 12.6 13.1 14.7 15.9
16.3 17.5 18.1 19.8 20.9 21.5 22.6 23.4 24.1 25.5 26.3 27.8 28.7 29.9 30.4
31.5 32.2 33.1 34.1 35.5 36.4 37.3 38.1 39.3 40.8 41.1 42.2 43.4 44.4 45.7
46.6 47.5 48.3 49.5 50.2 51.7 52.9 53.2 54.5 55.4 56.5 57.6 58.4 59.4 60.6

Day 49

1. 9 2. 5 3. 2 4. 5 5. 3 6. 1 7. 2 8. 3 9. 5 10. 6 11. 8 12. 4 13. 8 14. 4 15. 6
16. 2 17. 3 18. 4 19. 3 20. 1 21. 9 22. 1 23. 7 24. 3 25. 6 26. 7 27. 6 28. 9 29. 2 30. 7
31. 3 32. 2 33. 8 34. 7 35. 5 36. 1 37. 6 38. 6 39. 9 40. 2 41. 1 42. 4 43. 8 44. 4 45. 4
46. 3 47. 8 48. 1 49. 8 50. 4 51. 3 52. 2 53. 1 54. 1 55. 5 56. 2 57. 3 58. 3 59. 8 60. 6

Day 50

1. 9 2. 6 3. 9 4. 2 5. 8 6. 9 7. 2 8. 8 9. 3 10. 5 11. 2 12. 2 13. 5 14. 9 15. 1
16. 2 17. 7 18. 3 19. 3 20. 7 21. 7 22. 7 23. 7 24. 5 25. 1 26. 3 27. 4 28. 3 29. 4 30. 8
31. 4 32. 7 33. 5 34. 6 35. 1 36. 5 37. 2 38. 5 39. 4 40. 5 41. 4 42. 5 43. 5 44. 5 45. 8
46. 6 47. 3 48. 1 49. 5 50. 3 51. 2 52. 4 53. 4 54. 8 55. 5 56. 3 57. 2 58. 6 59. 3 60. 7

Day 51

1. 1 2. 6 3. 3 4. 6 5. 8 6. 5 7. 8 8. 5 9. 6 10. 8 11. 3 12. 3 13. 1 14. 7 15. 4
16. 5 17. 7 18. 1 19. 7 20. 1 21. 5 22. 5 23. 6 24. 8 25. 3 26. 9 27. 2 28. 9 29. 4 30. 5
31. 1 32. 9 33. 7 34. 9 35. 7 36. 7 37. 6 38. 2 39. 9 40. 5 41. 3 42. 6 43. 6 44. 8 45. 7
46. 7 47. 3 48. 4 49. 3 50. 6 51. 8 52. 1 53. 8 54. 1 55. 8 56. 1 57. 5 58. 2 59. 4 60. 6

Day 52

1. 7 2. 7 3. 6 4. 3 5. 4 6. 8 7. 7 8. 9 9. 5 10. 1 11. 5 12. 2 13. 3 14. 6 15. 3
16. 8 17. 7 18. 2 19. 6 20. 4 21. 1 22. 1 23. 8 24. 4 25. 6 26. 6 27. 3 28. 4 29. 8 30. 4
31. 3 32. 8 33. 7 34. 6 35. 9 36. 4 37. 8 38. 9 39. 2 40. 8 41. 8 42. 7 43. 5 44. 1 45. 1
46. 8 47. 6 48. 5 49. 9 50. 8 51. 7 52. 3 53. 2 54. 5 55. 6 56. 3 57. 7 58. 5 59. 6 60. 3

Day 53

1. 8 2. 8 3. 5 4. 5 5. 8 6. 9 7. 1 8. 7 9. 1 10. 5 11. 3 12. 9 13. 7 14. 4 15. 6
16. 1 17. 2 18. 4 19. 2 20. 8 21. 1 22. 7 23. 3 24. 6 25. 8 26. 7 27. 7 28. 5 29. 9 30. 9
31. 9 32. 5 33. 3 34. 8 35. 6 36. 8 37. 6 38. 6 39. 4 40. 9 41. 7 42. 6 43. 1 44. 9 45. 7
46. 5 47. 7 48. 8 49. 8 50. 4 51. 8 52. 4 53. 6 54. 6 55. 9 56. 9 57. 3 58. 2 59. 6 60. 7

Day 54

1. 5 2. 8 3. 2 4. 4 5. 9 6. 9 7. 5 8. 6 9. 5 10. 2 11. 8 12. 2 13. 6 14. 8 15. 6
16. 4 17. 3 18. 5 19. 1 20. 4 21. 8 22. 8 23. 4 24. 7 25. 8 26. 1 27. 6 28. 7 29. 1 30. 3
31. 3 32. 7 33. 1 34. 7 35. 4 36. 2 37. 5 38. 1 39. 9 40. 2 41. 1 42. 8 43. 5 44. 9 45. 9
46. 4 47. 2 48. 5 49. 6 50. 7 51. 2 52. 2 53. 3 54. 9 55. 1 56. 5 57. 5 58. 1 59. 3 60. 7

Day 55

1. 8 2. 5 3. 1 4. 7 5. 1 6. 8 7. 6 8. 6 9. 6 10. 8 11. 7 12. 5 13. 1 14. 5 15. 4
16. 9 17. 8 18. 7 19. 1 20. 6 21. 6 22. 6 23. 9 24. 9 25. 8 26. 1 27. 1 28. 7 29. 3 30. 6
31. 2 32. 1 33. 4 34. 4 35. 9 36. 1 37. 4 38. 9 39. 7 40. 7 41. 8 42. 9 43. 2 44. 8 45. 2
46. 5 47. 5 48. 8 49. 5 50. 4 51. 9 52. 6 53. 3 54. 1 55. 4 56. 4 57. 7 58. 7 59. 5 60. 6

Day 56

1. 3 2. 8 3. 9 4. 2 5. 8 6. 1 7. 2 8. 4 9. 3 10. 6 11. 8 12. 6 13. 2 14. 8 15. 2
16. 4 17. 6 18. 1 19. 8 20. 8 21. 6 22. 4 23. 3 24. 3 25. 2 26. 7 27. 4 28. 4 29. 4 30. 1
31. 8 32. 5 33. 3 34. 1 35. 1 36. 9 37. 7 38. 5 39. 7 40. 4 41. 3 42. 7 43. 3 44. 4 45. 2
46. 5 47. 9 48. 5 49. 8 50. 9 51. 7 52. 2 53. 6 54. 9 55. 7 56. 5 57. 5 58. 3 59. 6 60. 6

Day 57

1. 3 2. 8 3. 9 4. 2 5. 9 6. 1 7. 2 8. 1 9. 3 10. 1 11. 7 12. 5 13. 3 14. 7 15. 6
16. 6 17. 8 18. 6 19. 2 20. 6 21. 3 22. 5 23. 4 24. 7 25. 8 26. 9 27. 3 28. 7 29. 8 30. 9
31. 7 32. 2 33. 1 34. 9 35. 5 36. 5 37. 3 38. 6 39. 2 40. 5 41. 3 42. 1 43. 1 44. 2 45. 5
46. 8 47. 6 48. 5 49. 2 50. 1 51. 9 52. 8 53. 5 54. 8 55. 7 56. 9 57. 7 58. 9 59. 5 60. 2

Day 58

1. 3 2. 6 3. 1 4. 6 5. 8 6. 3 7. 2 8. 6 9. 2 10. 9 11. 8 12. 8 13. 1 14. 9 15. 7
16. 5 17. 6 18. 2 19. 3 20. 5 21. 8 22. 7 23. 8 24. 4 25. 1 26. 4 27. 6 28. 1 29. 5 30. 1
31. 3 32. 1 33. 7 34. 2 35. 9 36. 2 37. 8 38. 9 39. 8 40. 9 41. 7 42. 2 43. 4 44. 5 45. 9
46. 4 47. 2 48. 6 49. 2 50. 8 51. 8 52. 4 53. 7 54. 1 55. 6 56. 1 57. 3 58. 9 59. 9 60. 7

Day 59

1. 6 2. 7 3. 1 4. 9 5. 4 6. 1 7. 6 8. 4 9. 5 10. 9 11. 9 12. 5 13. 8 14. 7 15. 5
16. 4 17. 6 18. 8 19. 8 20. 1 21. 3 22. 9 23. 6 24. 9 25. 4 26. 3 27. 5 28. 1 29. 8 30. 1
31. 2 32. 8 33. 8 34. 8 35. 3 36. 5 37. 7 38. 4 39. 7 40. 8 41. 7 42. 1 43. 5 44. 7 45. 6
46. 6 47. 3 48. 5 49. 8 50. 9 51. 3 52. 7 53. 2 54. 1 55. 4 56. 5 57. 6 58. 1 59. 5 60. 3

Day 60

1. 9 2. 8 3. 5 4. 7 5. 8 6. 4 7. 6 8. 6 9. 3 10. 6 11. 1 12. 7 13. 7 14. 1 15. 4
16. 4 17. 3 18. 7 19. 3 20. 3 21. 7 22. 5 23. 3 24. 6 25. 5 26. 5 27. 1 28. 6 29. 3 30. 9
31. 7 32. 5 33. 3 34. 7 35. 8 36. 6 37. 1 38. 8 39. 9 40. 7 41. 4 42. 1 43. 8 44. 9 45. 4
46. 8 47. 3 48. 6 49. 5 50. 3 51. 1 52. 4 53. 2 54. 7 55. 9 56. 8 57. 6 58. 3 59. 4 60. 7

Day 61

1. 18 2. 34 3. 9 4. 13 5. 22 6. 7 7. 4 8. 33 9. 61 10. 1 11. 11 12. 0
13. 35 14. 15 15. 10 16. 10 17. 2 18. 7 19. 8 20. 21 21. 24 22. 54 23. 37 24. 36
25. 10 26. 33 27. 9 28. 16 29. 5 30. 31 31. 27 32. 30 33. 12 34. 30 35. 27 36. 48
37. 59 38. 26 39. 13 40. 56 41. 6 42. 23 43. 53 44. 1 45. 41 46. 9 47. 22 48. 13
49. 13 50. 10 51. 58 52. 12 53. 19 54. 9 55. 33 56. 5 57. 20 58. 15 59. 1 60. 8

Day 62

1. 37 2. 2 3. 20 4. 28 5. 36 6. 4 7. 32 8. 21 9. 34 10. 20 11. 26 12. 17
13. 44 14. 32 15. 5 16. 20 17. 37 18. 25 19. 29 20. 37 21. 36 22. 16 23. 17 24. 34
25. 12 26. 22 27. 21 28. 26 29. 6 30. 6 31. 32 32. 10 33. 23 34. 22 35. 14 36. 3
37. 7 38. 7 39. 7 40. 46 41. 9 42. 43 43. 43 44. 26 45. 0 46. 5 47. 19 48. 33
49. 16 50. 36 51. 19 52. 25 53. 48 54. 6 55. 26 56. 21 57. 19 58. 45 59. 21 60. 4

Day 63

1. 8 2. 11 3. 16 4. 8 5. 6 6. 16 7. 4 8. 34 9. 11 10. 18 11. 8 12. 24
13. 4 14. 8 15. 32 16. 6 17. 25 18. 2 19. 25 20. 1 21. 21 22. 19 23. 27 24. 1
25. 18 26. 29 27. 16 28. 10 29. 1 30. 14 31. 10 32. 11 33. 26 34. 29 35. 15 36. 34
37. 10 38. 21 39. 17 40. 33 41. 23 42. 27 43. 38 44. 1 45. 15 46. 33 47. 11 48. 13
49. 8 50. 30 51. 20 52. 2 53. 42 54. 5 55. 32 56. 7 57. 20 58. 20 59. 31 60. 21

Day 64

1. 23 2. 32 3. 22 4. 20 5. 23 6. 30 7. 20 8. 4 9. 42 10. 16 11. 14 12. 45
13. 30 14. 53 15. 35 16. 8 17. 12 18. 29 19. 13 20. 13 21. 5 22. 6 23. 17 24. 5
25. 17 26. 30 27. 29 28. 16 29. 39 30. 13 31. 33 32. 33 33. 10 34. 13 35. 6 36. 42
37. 23 38. 27 39. 8 40. 3 41. 4 42. 21 43. 13 44. 42 45. 23 46. 50 47. 24 48. 2
49. 14 50. 2 51. 37 52. 35 53. 23 54. 5 55. 45 56. 4 57. 24 58. 14 59. 9 60. 16

Day 65

1. 31 2. 33 3. 38 4. 51 5. 36 6. 18 7. 24 8. 21 9. 7 10. 3 11. 14 12. 38
13. 2 14. 15 15. 1 16. 44 17. 21 18. 28 19. 38 20. 20 21. 5 22. 41 23. 12 24. 24
25. 13 26. 17 27. 0 28. 13 29. 34 30. 32 31. 18 32. 25 33. 42 34. 13 35. 4 36. 45
37. 0 38. 9 39. 54 40. 29 41. 7 42. 17 43. 30 44. 8 45. 38 46. 30 47. 23 48. 24
49. 10 50. 18 51. 7 52. 39 53. 6 54. 33 55. 33 56. 19 57. 25 58. 33 59. 13 60. 24

Day 66

1. 6 2. 15 3. 24 4. 13 5. 2 6. 55 7. 16 8. 7 9. 26 10. 47 11. 26 12. 25
13. 39 14. 38 15. 1 16. 21 17. 22 18. 29 19. 36 20. 9 21. 48 22. 12 23. 18 24. 17
25. 5 26. 2 27. 57 28. 10 29. 48 30. 23 31. 0 32. 14 33. 28 34. 6 35. 8 36. 4
37. 3 38. 10 39. 37 40. 5 41. 6 42. 4 43. 37 44. 11 45. 10 46. 25 47. 31 48. 7
49. 6 50. 25 51. 23 52. 26 53. 33 54. 6 55. 25 56. 40 57. 35 58. 1 59. 62 60. 40

Day 67

1. 29 2. 23 3. 8 4. 3 5. 20 6. 33 7. 15 8. 22 9. 12 10. 17 11. 14 12. 12
13. 40 14. 27 15. 9 16. 40 17. 18 18. 5 19. 11 20. 3 21. 46 22. 26 23. 12 24. 14
25. 18 26. 30 27. 28 28. 45 29. 17 30. 11 31. 18 32. 19 33. 1 34. 12 35. 10 36. 10
37. 33 38. 40 39. 35 40. 30 41. 27 42. 32 43. 14 44. 29 45. 10 46. 24 47. 22 48. 0
49. 33 50. 21 51. 29 52. 8 53. 29 54. 25 55. 17 56. 34 57. 24 58. 27 59. 7 60. 15

Day 68

1. 5 2. 18 3. 31 4. 35 5. 8 6. 23 7. 25 8. 52 9. 6 10. 1 11. 24 12. 51
13. 38 14. 24 15. 27 16. 46 17. 33 18. 27 19. 17 20. 11 21. 15 22. 11 23. 35 24. 13
25. 26 26. 21 27. 8 28. 32 29. 3 30. 18 31. 23 32. 3 33. 57 34. 4 35. 25 36. 26
37. 16 38. 24 39. 1 40. 37 41. 17 42. 27 43. 23 44. 5 45. 28 46. 21 47. 11 48. 5
49. 15 50. 42 51. 2 52. 10 53. 14 54. 11 55. 46 56. 30 57. 11 58. 29 59. 41 60. 10

Day 69

1. 0 2. 17 3. 4 4. 1 5. 2 6. 17 7. 47 8. 18 9. 33 10. 59 11. 24 12. 40
13. 29 14. 7 15. 32 16. 27 17. 19 18. 36 19. 3 20. 7 21. 1 22. 8 23. 7 24. 25
25. 11 26. 16 27. 31 28. 21 29. 6 30. 24 31. 33 32. 8 33. 11 34. 35 35. 9 36. 12
37. 24 38. 1 39. 11 40. 14 41. 21 42. 33 43. 23 44. 7 45. 53 46. 9 47. 49 48. 22
49. 47 50. 34 51. 1 52. 10 53. 13 54. 30 55. 13 56. 27 57. 23 58. 16 59. 22 60. 47

Day 70

1. 13 2. 22 3. 10 4. 4 5. 58 6. 14 7. 4 8. 35 9. 25 10. 25 11. 10 12. 51
13. 19 14. 22 15. 5 16. 13 17. 18 18. 27 19. 35 20. 46 21. 23 22. 7 23. 31 24. 10
25. 30 26. 21 27. 33 28. 8 29. 51 30. 18 31. 19 32. 53 33. 23 34. 11 35. 5 36. 33
37. 15 38. 51 39. 36 40. 6 41. 14 42. 1 43. 22 44. 20 45. 2 46. 20 47. 13 48. 50
49. 35 50. 26 51. 6 52. 32 53. 8 54. 12 55. 23 56. 34 57. 32 58. 3 59. 30 60. 15

Day 71

1. 29 2. 8 3. 9 4. 3 5. 41 6. 12 7. 37 8. 12 9. 1 10. 13 11. 35 12. 4
13. 1 14. 16 15. 14 16. 8 17. 11 18. 27 19. 1 20. 39 21. 44 22. 35 23. 51 24. 44
25. 12 26. 34 27. 23 28. 25 29. 37 30. 2 31. 27 32. 5 33. 25 34. 16 35. 28 36. 35
37. 25 38. 48 39. 32 40. 32 41. 31 42. 4 43. 9 44. 23 45. 32 46. 5 47. 2 48. 40
49. 15 50. 14 51. 6 52. 16 53. 9 54. 3 55. 32 56. 30 57. 11 58. 20 59. 14 60. 59

Day 72

1. 9 2. 9 3. 8 4. 46 5. 29 6. 21 7. 25 8. 14 9. 31 10. 22 11. 27 12. 19
13. 21 14. 16 15. 45 16. 21 17. 32 18. 6 19. 4 20. 23 21. 23 22. 3 23. 40 24. 7
25. 15 26. 35 27. 37 28. 51 29. 38 30. 29 31. 29 32. 25 33. 15 34. 28 35. 17 36. 9
37. 13 38. 22 39. 23 40. 17 41. 14 42. 22 43. 5 44. 43 45. 26 46. 25 47. 19 48. 8
49. 5 50. 45 51. 1 52. 40 53. 2 54. 22 55. 33 56. 11 57. 38 58. 9 59. 15 60. 37

Day 73

1. 19 2. 22 3. 41 4. 29 5. 40 6. 26 7. 24 8. 24 9. 41 10. 13 11. 42 12. 41
13. 16 14. 13 15. 31 16. 9 17. 16 18. 7 19. 23 20. 1 21. 9 22. 29 23. 3 24. 21
25. 25 26. 38 27. 3 28. 9 29. 9 30. 37 31. 50 32. 45 33. 12 34. 11 35. 4 36. 16
37. 26 38. 43 39. 0 40. 44 41. 1 42. 21 43. 13 44. 26 45. 15 46. 17 47. 23 48. 29
49. 27 50. 20 51. 35 52. 7 53. 23 54. 22 55. 8 56. 51 57. 12 58. 10 59. 32 60. 12

Day 74

1. 11 2. 54 3. 1 4. 18 5. 1 6. 26 7. 8 8. 41 9. 16 10. 29 11. 26 12. 21
13. 13 14. 31 15. 18 16. 59 17. 24 18. 29 19. 57 20. 9 21. 3 22. 24 23. 18 24. 51
25. 5 26. 36 27. 14 28. 40 29. 22 30. 45 31. 6 32. 7 33. 29 34. 29 35. 19 36. 1
37. 49 38. 62 39. 8 40. 27 41. 23 42. 31 43. 15 44. 17 45. 30 46. 32 47. 27 48. 10
49. 23 50. 15 51. 8 52. 21 53. 17 54. 30 55. 16 56. 3 57. 17 58. 11 59. 33 60. 21

Day 75

1. 31 2. 10 3. 4 4. 19 5. 43 6. 10 7. 20 8. 47 9. 13 10. 48 11. 4 12. 8
13. 4 14. 27 15. 36 16. 10 17. 32 18. 10 19. 7 20. 20 21. 25 22. 1 23. 54 24. 20
25. 42 26. 36 27. 24 28. 4 29. 9 30. 8 31. 45 32. 26 33. 4 34. 28 35. 46 36. 22
37. 36 38. 45 39. 2 40. 22 41. 20 42. 39 43. 20 44. 3 45. 50 46. 25 47. 11 48. 0
49. 46 50. 18 51. 40 52. 21 53. 37 54. 42 55. 47 56. 34 57. 52 58. 35 59. 18 60. 8

Day 76

1. 20 2. 23 3. 26 4. 13 5. 37 6. 49 7. 33 8. 28 9. 1 10. 47 11. 11 12. 20
13. 56 14. 22 15. 14 16. 5 17. 19 18. 37 19. 24 20. 53 21. 2 22. 22 23. 17 24. 22
25. 3 26. 46 27. 27 28. 0 29. 28 30. 36 31. 40 32. 11 33. 2 34. 38 35. 30 36. 16
37. 5 38. 43 39. 9 40. 23 41. 31 42. 10 43. 11 44. 3 45. 8 46. 7 47. 22 48. 34
49. 45 50. 29 51. 44 52. 57 53. 29 54. 11 55. 28 56. 22 57. 37 58. 46 59. 32 60. 8

Day 77

1. 13 2. 4 3. 32 4. 15 5. 16 6. 7 7. 31 8. 34 9. 13 10. 16 11. 21 12. 2
13. 27 14. 30 15. 26 16. 25 17. 3 18. 39 19. 36 20. 11 21. 43 22. 27 23. 24 24. 31
25. 12 26. 24 27. 5 28. 41 29. 20 30. 49 31. 15 32. 26 33. 5 34. 27 35. 43 36. 1
37. 3 38. 20 39. 40 40. 3 41. 31 42. 18 43. 24 44. 5 45. 12 46. 34 47. 7 48. 7
49. 32 50. 18 51. 17 52. 46 53. 22 54. 49 55. 5 56. 2 57. 36 58. 13 59. 9 60. 58

Day 78

1. 4 2. 38 3. 1 4. 30 5. 15 6. 15 7. 32 8. 2 9. 18 10. 33 11. 18 12. 21
13. 19 14. 53 15. 31 16. 13 17. 2 18. 31 19. 41 20. 6 21. 44 22. 8 23. 15 24. 1
25. 47 26. 22 27. 10 28. 23 29. 27 30. 9 31. 10 32. 37 33. 2 34. 18 35. 8 36. 19
37. 0 38. 36 39. 31 40. 8 41. 10 42. 8 43. 17 44. 11 45. 23 46. 10 47. 41 48. 24
49. 37 50. 22 51. 45 52. 18 53. 17 54. 6 55. 40 56. 10 57. 24 58. 4 59. 4 60. 59

Day 79

1. 19 2. 9 3. 4 4. 52 5. 22 6. 21 7. 13 8. 20 9. 39 10. 26 11. 22 12. 49
13. 5 14. 27 15. 18 16. 22 17. 0 18. 31 19. 18 20. 1 21. 44 22. 33 23. 28 24. 12
25. 2 26. 8 27. 16 28. 23 29. 8 30. 27 31. 18 32. 10 33. 25 34. 26 35. 33 36. 18
37. 7 38. 4 39. 17 40. 22 41. 8 42. 30 43. 13 44. 11 45. 12 46. 29 47. 48 48. 36
49. 6 50. 17 51. 25 52. 38 53. 19 54. 54 55. 3 56. 55 57. 40 58. 12 59. 35 60. 19

Day 80

1. 20 2. 19 3. 1 4. 21 5. 16 6. 2 7. 18 8. 14 9. 32 10. 0 11. 37 12. 25
13. 40 14. 17 15. 0 16. 2 17. 54 18. 17 19. 12 20. 10 21. 15 22. 55 23. 4 24. 37
25. 10 26. 28 27. 51 28. 8 29. 7 30. 31 31. 46 32. 34 33. 4 34. 19 35. 10 36. 20
37. 40 38. 38 39. 2 40. 40 41. 27 42. 18 43. 8 44. 20 45. 4 46. 9 47. 30 48. 23
49. 36 50. 17 51. 7 52. 41 53. 24 54. 35 55. 50 56. 38 57. 37 58. 0 59. 30 60. 23

Day 81

1. 35 2. 4 3. 3 4. 8 5. 1 6. 18 7. 24 8. 13 9. 25 10. 26 11. 23 12. 5
13. 4 14. 11 15. 34 16. 31 17. 22 18. 10 19. 13 20. 41 21. 22 22. 14 23. 36 24. 23
25. 4 26. 27 27. 36 28. 0 29. 10 30. 23 31. 10 32. 46 33. 2 34. 8 35. 27 36. 22
37. 21 38. 19 39. 24 40. 9 41. 33 42. 36 43. 4 44. 42 45. 26 46. 35 47. 52 48. 8
49. 39 50. 5 51. 19 52. 20 53. 24 54. 19 55. 12 56. 23 57. 43 58. 2 59. 9 60. 19

Day 82

1. 0 2. 43 3. 30 4. 28 5. 51 6. 8 7. 32 8. 30 9. 30 10. 42 11. 41 12. 31
13. 22 14. 24 15. 4 16. 4 17. 23 18. 28 19. 6 20. 50 21. 22 22. 25 23. 28 24. 27
25. 19 26. 44 27. 14 28. 46 29. 11 30. 32 31. 6 32. 39 33. 1 34. 52 35. 24 36. 14
37. 32 38. 45 39. 28 40. 51 41. 30 42. 19 43. 48 44. 41 45. 29 46. 38 47. 36 48. 10
49. 25 50. 9 51. 16 52. 26 53. 34 54. 34 55. 31 56. 12 57. 35 58. 2 59. 47 60. 5

Day 83

1. 12 2. 2 3. 53 4. 40 5. 28 6. 31 7. 22 8. 43 9. 33 10. 25 11. 25 12. 16
13. 4 14. 30 15. 43 16. 2 17. 17 18. 0 19. 30 20. 8 21. 26 22. 24 23. 29 24. 19
25. 28 26. 12 27. 9 28. 29 29. 4 30. 18 31. 48 32. 20 33. 28 34. 20 35. 4 36. 11
37. 62 38. 10 39. 34 40. 4 41. 33 42. 27 43. 13 44. 5 45. 34 46. 13 47. 4 48. 47
49. 10 50. 43 51. 21 52. 12 53. 8 54. 33 55. 44 56. 20 57. 17 58. 19 59. 12 60. 59

Day 84

1. 13 2. 16 3. 5 4. 39 5. 30 6. 42 7. 2 8. 43 9. 12 10. 10 11. 14 12. 28
13. 12 14. 9 15. 28 16. 31 17. 8 18. 33 19. 14 20. 25 21. 12 22. 17 23. 17 24. 10
25. 5 26. 3 27. 36 28. 13 29. 37 30. 1 31. 10 32. 11 33. 33 34. 47 35. 4 36. 41
37. 30 38. 7 39. 14 40. 29 41. 7 42. 10 43. 22 44. 31 45. 30 46. 25 47. 21 48. 19
49. 19 50. 20 51. 17 52. 43 53. 23 54. 11 55. 32 56. 19 57. 20 58. 16 59. 12 60. 12

Day 85

1. 27 2. 23 3. 38 4. 52 5. 56 6. 26 7. 36 8. 49 9. 22 10. 21 11. 0 12. 14
13. 11 14. 8 15. 4 16. 21 17. 24 18. 40 19. 21 20. 38 21. 15 22. 8 23. 16 24. 49
25. 53 26. 35 27. 5 28. 6 29. 15 30. 6 31. 50 32. 33 33. 6 34. 19 35. 19 36. 43
37. 42 38. 10 39. 21 40. 20 41. 19 42. 38 43. 24 44. 20 45. 24 46. 9 47. 6 48. 4
49. 19 50. 25 51. 40 52. 13 53. 31 54. 13 55. 33 56. 31 57. 7 58. 35 59. 15 60. 19

Day 86

1. 58 2. 76 3. 79 4. 16 5. 85 6. 103 7. 7 8. 84 9. 51 10. 95
11. 67 12. 81 13. 104 14. 91 15. 81 16. 35 17. 123 18. 36 19. 82 20. 112
21. 40 22. 35 23. 75 24. 31 25. 100 26. 20 27. 117 28. 60 29. 74 30. 105
31. 73 32. 75 33. 82 34. 62 35. 56 36. 59 37. 67 38. 25 39. 100 40. 100
41. 50 42. 87 43. 117 44. 58 45. 67 46. 47 47. 44 48. 66 49. 48 50. 80
51. 51 52. 95 53. 91 54. 121 55. 12 56. 88 57. 77 58. 82 59. 13 60. 68

Day 87

1. 60 2. 138 3. 128 4. 69 5. 32 6. 80 7. 8 8. 61 9. 62 10. 76
11. 73 12. 48 13. 111 14. 114 15. 106 16. 76 17. 99 18. 68 19. 42 20. 39
21. 65 22. 29 23. 79 24. 73 25. 70 26. 75 27. 83 28. 73 29. 35 30. 67
31. 82 32. 109 33. 67 34. 82 35. 115 36. 19 37. 96 38. 98 39. 102 40. 28
41. 38 42. 28 43. 55 44. 33 45. 67 46. 67 47. 115 48. 93 49. 30 50. 50
51. 38 52. 22 53. 84 54. 94 55. 44 56. 24 57. 57 58. 12 59. 83 60. 96

Day 88

1. 51 2. 14 3. 45 4. 25 5. 49 6. 65 7. 75 8. 61 9. 100 10. 105
11. 74 12. 70 13. 64 14. 93 15. 81 16. 106 17. 52 18. 116 19. 77 20. 56
21. 38 22. 106 23. 116 24. 34 25. 90 26. 103 27. 63 28. 62 29. 58 30. 18
31. 114 32. 59 33. 64 34. 50 35. 89 36. 84 37. 103 38. 134 39. 35 40. 83
41. 26 42. 97 43. 137 44. 60 45. 69 46. 52 47. 80 48. 41 49. 86 50. 67
51. 100 52. 73 53. 102 54. 85 55. 44 56. 14 57. 81 58. 45 59. 37 60. 43

Day 89

1. 71 2. 95 3. 109 4. 57 5. 37 6. 43 7. 49 8. 68 9. 87 10. 23
11. 120 12. 63 13. 64 14. 41 15. 90 16. 119 17. 97 18. 45 19. 26 20. 52
21. 82 22. 84 23. 77 24. 32 25. 95 26. 86 27. 46 28. 54 29. 22 30. 80
31. 84 32. 110 33. 30 34. 61 35. 100 36. 72 37. 33 38. 75 39. 22 40. 46
41. 72 42. 50 43. 70 44. 55 45. 67 46. 68 47. 72 48. 39 49. 55 50. 61
51. 29 52. 37 53. 94 54. 62 55. 12 56. 54 57. 32 58. 134 59. 62 60. 40

Day 90

1. 54 2. 107 3. 80 4. 57 5. 49 6. 32 7. 72 8. 54 9. 76 10. 21
11. 69 12. 87 13. 66 14. 48 15. 24 16. 92 17. 22 18. 30 19. 97 20. 70
21. 59 22. 100 23. 91 24. 88 25. 56 26. 56 27. 62 28. 86 29. 30 30. 54
31. 120 32. 59 33. 44 34. 44 35. 115 36. 96 37. 42 38. 66 39. 24 40. 77
41. 116 42. 112 43. 54 44. 115 45. 70 46. 10 47. 77 48. 65 49. 123 50. 43
51. 26 52. 115 53. 52 54. 99 55. 119 56. 92 57. 40 58. 74 59. 81 60. 30

Day 91

1. 58 2. 89 3. 58 4. 66 5. 77 6. 92 7. 113 8. 58 9. 41 10. 110
11. 99 12. 66 13. 131 14. 95 15. 72 16. 85 17. 33 18. 82 19. 115 20. 40
21. 118 22. 74 23. 51 24. 39 25. 43 26. 13 27. 87 28. 68 29. 35 30. 5
31. 76 32. 96 33. 39 34. 59 35. 121 36. 67 37. 77 38. 52 39. 71 40. 34
41. 104 42. 58 43. 113 44. 84 45. 59 46. 43 47. 61 48. 76 49. 18 50. 82
51. 52 52. 31 53. 32 54. 45 55. 75 56. 61 57. 24 58. 84 59. 132 60. 122

Day 92

1. 53 2. 66 3. 31 4. 29 5. 56 6. 103 7. 32 8. 81 9. 96 10. 86
11. 112 12. 12 13. 85 14. 57 15. 111 16. 73 17. 100 18. 26 19. 18 20. 67
21. 61 22. 71 23. 82 24. 50 25. 33 26. 12 27. 47 28. 113 29. 109 30. 46
31. 82 32. 78 33. 19 34. 82 35. 84 36. 67 37. 65 38. 85 39. 73 40. 65
41. 57 42. 63 43. 75 44. 60 45. 98 46. 46 47. 77 48. 97 49. 46 50. 58
51. 57 52. 9 53. 66 54. 67 55. 53 56. 95 57. 69 58. 57 59. 4 60. 60

Day 93

1. 72 2. 50 3. 115 4. 61 5. 103 6. 77 7. 117 8. 27 9. 92 10. 75
11. 85 12. 117 13. 20 14. 80 15. 86 16. 101 17. 104 18. 105 19. 73 20. 22
21. 81 22. 32 23. 11 24. 34 25. 19 26. 94 27. 125 28. 21 29. 83 30. 58
31. 66 32. 116 33. 45 34. 65 35. 15 36. 37 37. 115 38. 64 39. 99 40. 35
41. 45 42. 132 43. 63 44. 65 45. 56 46. 11 47. 82 48. 28 49. 52 50. 78
51. 129 52. 106 53. 53 54. 33 55. 32 56. 83 57. 38 58. 119 59. 46 60. 89

Day 94

1	2	3	4	5	6	7	8	9	10
78	22	51	59	56	34	19	96	43	60
102	36	34	91	64	42	130	71	71	55
69	90	17	37	118	107	46	54	16	68
87	126	72	99	53	30	110	63	77	104
95	103	56	129	29	43	90	77	69	126
15	52	41	63	82	25	37	99	74	110

Day 95

1	2	3	4	5	6	7	8	9	10
77	84	44	92	22	25	93	83	89	49
68	75	70	34	136	61	122	46	66	86
30	27	58	33	86	110	30	53	67	74
85	57	95	69	55	22	52	27	50	39
90	114	22	43	68	67	89	68	64	117
57	71	91	27	87	135	127	82	69	49

Day 96

1	2	3	4	5	6	7	8	9	10
75	89	86	38	59	20	48	21	81	107
31	83	54	113	66	56	69	74	77	86
105	116	102	93	48	42	93	82	119	83
66	128	72	102	67	78	57	103	55	67
59	50	106	42	83	39	63	84	101	25
64	96	56	111	79	126	85	138	68	38

Day 97

1	2	3	4	5	6	7	8	9	10
79	46	53	88	40	108	75	99	21	31
31	27	82	37	118	118	16	71	32	51
55	87	29	44	60	94	92	45	38	56
126	87	108	72	106	69	73	72	120	52
71	62	94	50	114	17	55	95	46	83
99	80	121	65	36	93	92	51	77	33

Day 98

1	2	3	4	5	6	7	8	9	10
69	46	81	92	88	93	30	25	33	79
21	16	79	67	67	36	86	26	124	52
32	113	76	47	58	54	39	114	56	70
95	91	42	69	43	92	34	77	66	91
72	62	55	48	50	83	82	34	83	99
81	85	20	77	45	89	59	51	95	24

Day 99

1	2	3	4	5	6	7	8	9	10
70	132	80	28	45	74	56	52	74	20
88	29	50	48	72	89	92	86	93	126
55	73	51	72	7	72	65	9	75	52
37	90	81	56	48	67	107	58	51	41
27	93	75	114	47	73	33	17	47	18
63	10	33	82	48	55	91	50	97	63

Day 100

1	2	3	4	5	6	7	8	9	10
17	129	31	91	64	60	24	76	49	43
44	91	92	75	48	75	117	77	60	49
37	53	60	66	81	107	120	80	38	20
70	60	96	27	75	69	91	32	55	86
116	65	46	79	64	77	110	46	82	64
76	70	77	80	44	75	87	62	121	62